グローバルな視点で語る「日本の歴史」授業

高橋茂樹 著

黎明書房

はじめに

皆さん、こんにちは。本書は、『〇〇で語る「日本の歴史」授業』シリーズの第四弾として、執筆したものです。まずは皆さんと出会えたこと（再会できたこと）を、嬉しく思います。

本書は、筆者が中学校社会科の教員として教壇に立ち、実践した授業内容や話のネタをベースに、成人された皆さんを対象に執筆した「架空の授業」です。気軽に読み進めてください。

筆者は現職時代、教科書内容の気がかりだった点の一つに、日本史と世界史の関連の希薄さがあります。同時に、自国の歴史を授業する場合でも、絶えず「世界」というグローバルな視点から捉えることの重要性や必要性を感じ続けてきました。本書執筆の動機の原点もここにあります。

私は大学で国際政治学を専攻しましたが、恩師の故柳沢英二郎教授は「政治学」の最初の講義で、インド発祥の寓話『群盲象（ぐんもうぞう）を評（ひょう）す』を例に、これを政治学を学ぶ上での姿勢とし、様々な個々の事象を「全体像」で捉えることの重要性と同時に物事の関連性を重視する視点を持つことを話されました。また、現実を現実とし、客観的に捉えることの重要性について、話されたことを鮮明に記憶しています。

では早速、「グローバルな視点」で鳥瞰的に歴史を眺め、本書を読み進めていってください。

本書一読後、皆さんと再びお会いしましょう。

令和六年八月一五日

著者

目次

第二章 大陸との交流Ⅱ 47

第三章 大航海時代と日本 83

第五章　日本の近代化と欧米列強の帝国主義　139

第一章 大陸との交流Ⅰ

	旧石器時代～弥生時代の主な出来事	
	日本の出来事	世界の出来事
旧石器時代		約 500 万年前　人類出現（アフリカ東部）
		約 180 万年前～　第一次人類拡散（原人）
		約 20 万年前　ホモ・サピエンス出現
	9 万～ 5 万年前	約 10 万年前～　第二次人類拡散（新人）
	金取遺跡　日本最古の石器	6 万～ 5 万年前　新人が東アジア到達
	約 3 万 5000 年前　岩宿遺跡	
		2 万年前　ラスコーの洞窟壁画
縄文時代	約 1 万 6500 年前	
	大平山元遺跡　日本最古の土器	紀元前 5000 年頃　中国河姆渡(かぼと)遺跡
		水田稲作の開始
	約 5900 ～ 4200 年前	前 3300 ～前 2500 年頃
	三内丸山遺跡　大規模集落形成	メソポタミア文明・インダス文明
		エジプト文明が興る
		前 1600 年頃　中国文明（「殷」）興る
		前 1000 年頃　中国に「周」が興る
弥生時代	前 700 年頃　菜畑遺跡　日本最古の水田	前 770 年頃　中国で春秋戦国時代開始
	板付遺跡	前 8 世紀頃　ギリシアで都市国家誕生
	前 600 ～前 500 年頃	前 550 年頃　ペルシア帝国誕生
	本格的水田稲作開始	前 499 ～前 449 年　ペルシア戦争
	※この頃，大陸からの大規模な移民が	前 463 頃　釈迦生誕
	日本列島に移住か？	前 438 年　パルテノン神殿完成
	前 400 ～前 300 年頃	前 334 年　アレクサンドロス三世
	吉野ヶ里遺跡　大規模環濠集落	東方遠征開始（大帝国建設）
		大王の死後，帝国分裂
		前 4 世紀後半　インドのマガダ国マウリア朝がインド統一
	前 300 年頃～　唐古遺跡　環濠集落	
		前 221 年　始皇帝が中国統一（「秦」）
		前 206 年　「漢」帝国が成立
		前 3 世紀前半　ローマがイタリア統一
	前 1 世紀頃　『漢書』地理志に日本紹介	前 44 年　ローマでカエサル暗殺
	「夫れ楽浪海中に倭人有り，分かれて百	前 27 年　ローマ帝国成立
	余国と為る。歳時を以て来たり献見す	前 4 年　イエス・キリスト生誕
	と云う」	

1　日本人のルーツ（旧石器時代）

Q　日本に最初に住み着いた人々は、どこからやってきたの？

日本に最初に住み着いた人々はいつ頃、どこからやってきたのでしょうか。

これを知るヒントは、人類誕生の地がアフリカ大陸であること。その出現が、約七〇〇万年前～五〇〇万年前。さらに、その人類の先祖が、大きく二度にわたり、アフリカから世界各地に拡散する波があったとされている点です。

では、その人類の先祖の、世界への拡散は、いつ頃、何が原因で起きたのでしょうか。

まず、最初の拡散の波ですが約一八〇万年前～一五〇万年前のこととされています。この時期を人類の進化の過程（猿人↓原人↓旧人↓新人）で見ると、「原人」の段階にあたります。

彼らはアフリカ大陸を出ると、ゆっくり移動と定住・混血を繰り返し、その土地の環境に適応しつつ、世界各地に拡散していきました。

その中でアジアにやってきた類はジャワ原人や北京原人で、化石を残します。また中央アジアやヨーロッパに拡散した一団もありました。

しかし、アフリカの大地に留まり、過酷な環境を生き抜いた残留組もいました。このグループはしだいにウイルスへの高い免疫機能を獲得し、同時に知能も進化させていきました。

この一団こそが、新人（ホモ・サピエンス）と呼ばれる現生人類の祖先です（約二〇〇万年前）。

やがて人類は二度目の拡散の時期を迎えます。その主役こそがこのアフリカ残留組の新人です。これは約一〇万年前のことと推定されています。

では、この人類の先祖の二度にわたる世界拡散の原因とは何だったのでしょうか。それは、地球規模での極端に寒冷な気候への変動のためと考えられています。特に二度目の拡散は、地質年代第四期更新世の大氷河期後半にあたり、現在より年平均気温が約一〇度近くも低かったと推定されます。

そのため大陸の多くは氷で覆われ、低温のため降り積もった雪で陸地の氷が溶けず氷河が拡大。雪は大元をたどると海水ですので、海水の蒸発だけが繰り返されたため海水の量は減少。世界中の海水面は低下しました(マイナス一〇〇m以上も)。

こうした気候変動により、アフリカでは急激な乾燥化が進行し森林は縮小。そこで人類は極度の食糧不足に陥ったと考えられます。それが人類の世界拡散の大きな波となったと考えられます。

ちょうどその頃、原人とその原人から進化した旧人はほぼ絶滅。原因は不明ですが、新人との接触でウイルス感染を引き起こし、免疫力格差で絶滅したとする説も。最新のDNA解析の結果、旧人と新人との混血があったことも確認され、共存した時期もあったようです。そこで旧人も新人と同じ現生人類に含む説が有力視されています。

ともかく二〇種以上の原始時代の人種の中で、新人一種だけが奇跡的に生き残り、これが現代人につながります。この新人の中でヨーロッパに拡散した一団がクロマニヨン人。他方、東を目指した集団はユーラシア大陸を横断、あるいは海岸沿いに移動し、約六万年前~五万年前東アジアに到達しました。

その中の一集団が、当時、大陸と地続き状態の日本に到達。北は樺太(からふと)、南は朝鮮半島の両面からオオツノシカ・マンモス・ナウマンゾウ等の大型動物と共に移動してきました（南の島伝い説も)。

では、その二度目の世界拡散グループ（新人）の子孫が、日本に最初に住み着いた人々だったのでしょうか。それを見ていきましょう。

豆知識

日本列島の旧石器時代遺跡が三万八〇〇〇年前以降に集中する意味とは？

日本の旧石器時代の研究が本格的に開始されたのは、一九四六年（昭和二一）、群馬県の岩宿（いわじゅく）で一個の打製石器が発見されたことに始まります。

それ以前の定説では、日本には縄文時代より前（旧石器時代）には人類は住んでいなかったとされていました。（無人時代）

ところが、この岩宿で発見された石器が出土した地層（関東ローム層）は縄文時代より前の地層だったのです。しかも土器は伴っていませんでした。

この発見とその後の学術調査により、それまでの日本の考古学界の定説が大きく覆されました。

やがてこれがきっかけとなり、全国各地から旧石器時代の遺跡の発見が相次ぎ、日本にも旧石器時代に人類が存在したことが証明されました。

しかし、残念ながら、人骨の出土例が日本列島内ではほとんどないのが現状です。最大の原因は、多くの遺跡が火山灰の混じる酸性土壌に覆われ骨が分解されてしまったからです。現時点で旧石器時代の人類として確実視されているのは、港川人（みなとがわじん）・山下洞人（やましたどうじん）（いずれも沖縄県）・浜北人（はまきたじん）（静岡県）など。

現在、日本全国には旧石器時代の遺跡が一万ヵ所以上も存在しますが、なぜかその遺跡の大部分は三万八〇〇〇年前以降に集中しています。

これは、おそらく人類二度目の世界拡散の時期に、東アジアに到達した人類の中の一団が、この時期ある程度まとまって日本に渡来し、この地に住み着いたことを意味していると考えられます。

現在、考古学界で日本最古と確実視されている旧石器は二〇〇三年、金取（かねどり）遺跡（岩手県遠野市）で発見された九万年前～五万年前のものです。

ということは、二度目の世界拡散組の子孫（新人）が日本にたどり着いた時、すでに「先住民」の痕跡があったことを意味します。

豆知識 地球の歴史を二四時間時計に変換すると、人類誕生は何時何分頃？

さあ、この問いを皆さんと考えてみましょう。

地球の誕生は今から約四六億年前。地球上に生命が誕生したのは約三八億年前。その後生物は進化を重ねていきます。今仮に、人類の誕生を約五〇〇万年前と設定します（他説有り）。

さて、この地球誕生、四六億年を二四時間に変換すれば、一億年は約〇・五時間＝三〇分。

この数値をベースにすると……、一〇〇〇万年は三分、一〇〇万年は一八秒、一〇万年は一・八秒、一万年は〇・一八秒です。

これを人類の誕生五〇〇万年前に当てはめると、一八秒×五＝九〇秒前となります。すなわち「変換時計」での地球上の人類誕生は、現時点を二四時とすると、二三時五八分三〇秒となります。

ちなみに、両生類・爬虫類・哺乳類の出現は、

・両生類（四億年前）…　二二時〇〇分
・爬虫類（三億年前）…　二二時三〇分
・哺乳類（二億年前）…　二三時〇〇分

地球上での二億年前に、哺乳類の出現と恐竜の出現の時期がちょうど重なります。この恐竜が絶滅するのが六五〇〇万年前。「変換時計」では、二三時四〇分三〇秒です。この間も哺乳類は生き残り、一八分後に私たち人類が誕生したことに。

アフリカ大陸の東部で誕生した人類はこの地で進化を続けます。その間も厳しい環境変化（寒冷＋乾燥化）を契機にアフリカを脱出するグループが出現。食料を求め人類は世界各地に拡散します。

人類と同じくゾウもアフリカ大陸に起源を持つ動物で、人類同様に様々な系統が幾度となく、アフリカからの旅立ちを繰り返します。その中の数種が日本にも到達したと考えられます。

その意味で、人類の世界拡散の道と、「ゾウの道」は、不思議に重なるものがあります。

2 縄文人と縄文文化（縄文時代）

Q 縄文人が大陸とは異なる独自の文化を発展させたのはなぜ？

旧石器時代に続く時代を「縄文時代」と呼びます。その始まりは時代区分の指標を縄文土器に置けば、約一万六〇〇〇年前と言えます（他説有り）。ともかく、この時代の開始を探る最も重要な物差しが、土器の出現であることは確かです。

この時期の日本に住んでいた人々を縄文人と呼びます。彼らの先祖は三万八〇〇〇年前頃に大陸から集団で日本に渡来（二度目の世界拡散組の末裔）。現日本人の最古のルーツとも言える人々です。

さて、この縄文人ですが、一万年以上も続いた平和な年月の中で大陸とは異なる日本独自の文化を発展させました（縄文文化）。この人々は長期にわたり、狩猟・採集社会を持続させました。

「経済段階の発展」という点で、同時期の世界を見ると、狩猟・採集社会（獲得経済）から農耕・牧畜社会（生産経済）への移行が見られます。結果、いわゆるそうした経済発展の中から「文明」を出現させています。

この農耕に関してですが、縄文時代の遺跡からも、クリ栽培やエゴマ、リョクトウ（緑豆）、ヒョウタンなどの小規模な植物栽培の痕跡が見つかってはいます。さらに、近年では縄文中期の遺跡出土の土器から稲の圧痕も判明（次節で記述）。

ではなぜ、日本では大陸とは異なる独自の文化が発展したのでしょうか。またなぜ、「本格的」農耕社会への移行が遅かったのでしょうか。

そのヒントが当時の地球規模での気候変動です。一万数千年前の地球の気候変動を見ますと、氷期が終焉を迎えつつあり、徐々に気温が上昇し始めていました。こうした地球温暖化により、日本列島での植生はしだいに亜寒帯性針葉樹林から温帯性広葉樹林へ変化していきました。

結果、広葉樹林が拡大し、ドングリ等の植物質食材、海岸では海水温の上昇で貝類が豊富に入手できる環境が整っていきました。

こうした日本列島の自然が、農耕に頼らない縄文人の生活に四季折々の恵みをもたらしたと言えます。ここで、登場するのが「煮炊き用」の土器です（堅果類のあく抜きや貝類の調理用）。

そして、このような自然の恵みは人々の定住を可能とし、火焔土器や土偶などに見られる独創的な造形美を表現する優れた技術や豊かな精神世界を発展させていったと考えられます。

また、日本独自の文化の発展という点で、気候変動（温暖化）による海水面の上昇＝日本列島の形成も重要です（大陸から完全に切り離された）。こうした地理的環境の変化が、大陸との交流や文化的影響力を大きく制限する要因になったことを考慮する必要がありそうです。

さて、この時代の自然の恵みに関連し人口の増減についての気になるデータがあります。

当時の遺跡発掘や最新の遺伝子解析などから、縄文早期の人口はおよそ二万人、最盛期の中期は二六万人、晩期七万人と推定する説があります。

縄文人の食生活の基本は「自然依存型」ですので、早期から中期の人口の増加は、気候温暖化に支えられたものと考えられます。

他方、中期から晩期の人口激減の原因は、この逆で、世界的に気候が寒冷化したことによる食料供給の減少によるものと推測されます。

縄文時代＝「自然の恵み豊か」と一般的に思われがちですが、自然依存型社会である限り、そうした自然環境の良し悪しが食料供給に影響し、人口の増減を左右したという点が重要です。

豆知識　縄文土器は世界最古の土器？

かつて考古学では「土器の誕生は農業や牧畜の開始、ひいては文明の発生と関連付けて論じられることが多かった」と言われます。

ところがその文明の利器とも言える土器が意外にも、農業や牧畜の開始や文明の発生の故地とは直接関係しない地域で誕生しています。

一九七五～一九七六年（昭和五〇～五一）、青森県外ヶ浜町の大平山元（おおだいやまもと）遺跡で縄文時代草創期の石器と土器片が発掘されました。一九九八年（平成四）にも同様の遺物を発掘。その土器片に付着した炭化物の放射性炭素年代を測定したところ、最も古いもので約一万六五〇〇年前の数値が得られ、この土器片は世界最古級のものと判明しました。

この数値に類する土器は、中国江西（こうせい）省の仙人洞遺跡やロシア極東の遺跡からも出土。これらいずれの土器も、日本とその周辺（東アジア）で出土していることは注目に値します。それ以外での古い土器を見ると、南アジア・西アジア、アフリカ地域では約九〇〇〇年前、ヨーロッパでは約八五〇〇年前です。このように最古級の土器の出土はいずれも東アジアに集中しています。

ただ、西アジアでも土器が作られる以前から、焼成された土製品は存在し、これは土器出現の必要性を考える上で極めて重要なポイントです。

これに関連し、土器出現当時の用途を見た時、日本の場合、堅果類のあく抜きや貝類の調理のための煮炊き用として誕生したと考えられます。

ところが、早くから農耕・牧畜社会へ移行し、古代文明を生み出した乾燥地帯の西アジアやアフリカ北部の場合、農作物の貯蔵・保存の必要性から土器が誕生したと推測されています。

人々の置かれた自然環境や社会環境により土器誕生のケースは様々だったという点も、見落としてはいけない重要な視点だと思います。

豆知識　縄文土器は日本オリジナルの発明なの？

縄文時代の開始を探る最も重要な「物差し」は、土器の出現です。

さて、この縄文土器や文化ですが、その起源が大陸から伝播したものなのか、それとも日本列島のオリジナルなものなのか、研究者の間でも長い間論争されてきたテーマです。

戦前は縄文時代より前の時代を「無人時代」としてきたこともあり、縄文土器大陸起源論が主流でした。ところが「岩宿の発見」で事は一変します。さらに神奈川県夏島貝塚出土の土器が約九五〇〇年前のものであったことがこれに拍車をかけました（世界各地の土器の年代を大幅にさかのぼる）。

現在、日本最古の土器は、前述の青森県大平山元遺跡の約一万六五〇〇年前のものです。実は、この土器と同程度の年代をさかのぼる土器が、長崎県福井洞窟から出土（約一万六〇〇〇年前）。

この二ヵ所から出土した土器は何を意味しているのでしょうか。出土地が一方は青森県という日本列島の北、他方は長崎県という列島の南。

これは、世界最古級の土器がほぼ同じ時期に、日本列島各地で作られていたということです。

年代測定の結果で、世界最古とされる土器は、中国湖南省玉蟾岩洞穴出土のものです（約一万八〇〇〇年前）。

縄文土器が大陸起源とすれば、この中国湖南省発祥の土器製作技術が日本にたどり着くには、朝鮮半島か樺太・北海道経由が考えられます。ところが、現状では朝鮮半島最古の土器は約一万年前、北海道の土器は約一万二〇〇〇年前のものです。

ということは縄文土器＝日本オリジナルの発明という可能性が高いということを意味します。

これに関連し近年では、土器は「東アジア一帯で多元的に生み出された」のではと、研究者の間で考えられるようになってきています。

豆知識　古代文明の誕生と縄文文化

日本で縄文時代が続いていた紀元前三三〇〇～紀元前二五〇〇年頃、西アジア及びアフリカ北部乾燥地帯の大河流域で古代文明が誕生します。

縄文時代に入り東アジアに温暖化をもたらした地球規模での気候変動は、西アジアの中緯度地帯に乾燥に伴う砂漠化をもたらしました。

こうした過酷な自然環境に住む人々は、食料難を回避するため、栄養価が高く乾燥に強い植物を栽培し、その種子から食材を取り入れるようになります。これが農耕開始の起源です。

こうした地域では食料増産に伴い人口が増加。畑不足の深刻化からより多くの耕地拡大が図られ、乾燥地帯を流れる大河周辺に人々は集まります。

そして、集落に灌漑施設・道路が建設され、やがて大集落が都市へと変貌。この都市を中心に姿を現したのが「文明」だったというわけです。インダス文明・メソポタミア文明・エジプト文明がそれに該当。これらの文明は、周辺地域への人々の移住・交易・戦争を繰り返しながら、領域を拡大。しかし、歳月と共に衰退し滅亡します。

中国では紀元前四〇〇〇年以前にさかのぼる中国文明が黄河・長江流域で誕生したことが知られています（次頁の豆知識参照）。

同じ頃、自然環境に恵まれた日本列島では人工的な文明を作り出す必要性もなく、三内丸山遺跡に代表される巨木建築物の建造や、長期間にわたる数百人規模の大規模集落が出現しています。

一方は過酷な環境で作り上げた「人工的な文明」、他方は「自然を活用した文化」。一方は戦争が常態化の城塞都市、他方は争いとは無縁な自然の中の大集落。一方は戦争や自然破壊で消滅した古代文明、他方は一五〇〇年間も衰退することなく続いた集落とその文化。人類にとって、文明の発達とは何か、改めて考えさせられます。

豆知識 伝説から歴史へ 甲骨文字の発見！

甲骨文字とは中国古代王朝殷の時代に発明された文字です。この文字の発見こそが、古代中国文明の一つ黄河文明の殷王朝が実在した証明となる遺跡（殷墟）の発掘につながることとなります。

清朝時代末の一八九九年、当時、著名な学者王懿栄はマラリアの特効薬として、竜骨という漢方薬を北京の薬屋で買い求めました。

その時、王宅に寄宿中の劉鶚が竜骨の表面に何やら文字らしきものを発見。二人は古い文字ではないかと推測し、薬屋に出どころを尋ねると、河南省の田舎で農民が掘り出したことが判明。

早速二人は、竜骨を収集し研究を開始。翌年の一九〇〇年、義和団事件勃発に際し王懿栄は外国軍の北京入城に憤り自殺。彼の収集した竜骨を譲り受けた劉鶚は、一九〇三年『鉄雲蔵亀』という書物を刊行し、竜骨に書かれた文字を甲骨文字と名付け世に紹介しました。

その後、劉鶚の友人であり著名な学者羅振玉と王国維はさらなる甲骨文字の研究を進め、この甲骨文に出てくる王の名が、『史記』の中の殷の歴代王名と一致することを発見。甲骨文字の資料的価値を証明しました。この二人の研究成果が、その後の甲骨文字研究の基本となっていきました。

古代文字として有名なものにエジプトのヒエログリフやメソポタミアの楔形文字がありますが、現在これらの文字で読み書きする人はいません。

ところが、甲骨文字は現在使用の漢字（楷書）と形は異なるものの、構造そのものは漢字の書体の一つです。その意味で甲骨文字は三〇〇〇年以上も継承され続け、現在も日本人の身近な漢字とし、生き続けているということが言えます。

※殷王朝は紀元前一六〇〇年頃成立。同時期の日本は縄文時代「後期」にあたります。

豆知識　世界四大文明の誕生とその後の四つの世界帝国の誕生

日本で縄文時代が続いていた紀元前三三〇〇〜紀元前二五〇〇年頃、ユーラシア大陸及びアフリカ北部の乾燥地帯大河流域で古代文明が誕生。これらの文明は周辺地域への移住・交易・戦争を繰り返し領域を拡大。しかし歳月と共に衰退し滅亡。

インダス文明の場合、建築資材のレンガ焼成のため流域の森林を乱伐。それが原因で洪水が頻発し文明は衰退します。そこに周辺の他民族が侵入し、文明を築いた先住民は征服されました。

メソポタミアとエジプトでも同様の事象が。やがて紀元前七世紀、メソポタミアとエジプトをアッシリアが武力統一。その後「ペルシア帝国」（アケメネス朝）に（前五五〇〜前三三〇年）。

地中海では、紀元前八世紀頃ギリシア人の海上活動が活発化。多くの都市国家（ポリス）が形成されます。前五世紀初頭、ペルシアが三度にわたりギリシアに侵攻（ペルシア戦争）。ギリシア側は団結しペルシアを撃退。しかしその後、ポリス間の内紛でギリシアは衰退（ペロポネソス戦争）。

やがて、マケドニアがギリシア全体を支配下に（前四世紀後半）。国王アレクサンドロス三世は、ペルシア遠征を開始し、ペルシア帝国は滅亡。彼は統合国家アレクサンドロス大帝国を建設。インド遠征も計画しますが、大王の急死で不発に。彼の建設した帝国は彼の死後分裂しました。

インドではインド史上初の統一国家「マウリア朝」が帝国を樹立（前三一〇〜前一八〇年）。

前三世紀前半地中海では都市国家ローマがイタリア半島を統一。勢力を拡大し、地中海を支配する「ローマ帝国」に発展（前二七年から帝政へ）。

東アジアでは秦が初めて中国を統一。続き「漢帝国」が成立を見ます（前二〇六〜後二二〇年）。

こうして、四大文明を土台とした、四つの地域で、世界帝国が誕生しました。

	弥生時代～飛鳥時代の主な出来事	
	日本の出来事	世界の出来事
弥生時代	57年　奴国王が光武帝より「漢委奴国王」の金印を与えられる	
	147～188年の間，倭国大乱	184年　中国で黄巾の乱勃発
	210年　卑弥呼が邪馬台国女王となる	220年　後漢の滅亡 → 三国時代へ（魏・呉・蜀）
	238年　卑弥呼が魏に使いを送る	226年　ササン朝ペルシア帝国樹立
	247年頃　卑弥呼の死 → 内乱勃発	
	266年　壹与が西晋に使いを送る	265年　魏の滅亡，西晋がこれに代わる
		280年　西晋が中国統一（三国時代終了）
古墳時代		375年　ゲルマン人の大移動開始
	396年　倭が百済と交戦，撃破	395年　ローマ帝国が東西に分裂
	399年　倭が百済と同盟×新羅・高句麗	
	400年　倭が高句麗と交戦。倭軍後退	
	404年　倭が高句麗に反撃するも敗北	
	413年　倭国王，東晋に使いを送る	
	5世紀前半　仁徳天皇陵古墳を造営	439年　中国，南北朝時代の開始
	478年　倭王武，南朝に使いを送る	476年　西ローマ帝国が滅亡
		486年　フランク王国が成立
	527年　磐井の乱（筑紫の豪族磐井叛乱）	
	538年　仏教の伝来 → 廃仏論争へ	
	562年　伽耶（任那），新羅に滅ぼされる	
	587年　蘇我氏が物部氏を滅ぼす	589年　隋が中国統一
飛鳥時代	592年　推古天皇が即位 聖徳太子が国政に参画	
	600年　遣隋使派遣（『隋書』の記録）	
	603年　冠位十二階を定める	
	607年　遣隋使派遣（大使・小野妹子）	610年　ムハンマドがイスラム教創始
	614年　遣隋使派遣（大使・犬上御田鍬）	618年　隋の滅亡
	630年　遣唐使派遣	628年　唐が中国統一
	645年　乙巳の変 → 大化の改新	
		661年　イスラム帝国成立（ウマイヤ朝）
	663年　白村江の戦い	663年　百済の滅亡
		668年　高句麗の滅亡
	672年　壬申の乱	676年　新羅が朝鮮統一
	694年　藤原京への遷都	
	701年　大宝律令の制定	

3　稲の来た道「ライスロード」（弥生時代）

Q　縄文時代から弥生時代への社会変換をもたらした最大の要因とは？

縄文時代に続く時代を「弥生時代」と呼びます。この時代は、人々の生活が狩猟採集から、水稲耕作へと移行し、ライフスタイルが大きく変化した時代でした（地域による温度差有り）。

時代名は、一八八四年（明治一七）、東京都文京区弥生町で発見された一つの壺の名称が由来です。以後この土器（弥生土器）が使われていた時代を弥生時代と呼ぶようになります。

その後、この時代の区分の定義に土器だけではなく、水稲耕作の開始や金属器の使用なども要素として加わるようになりました。

弥生時代の文化を考える時、重要な視点はこの文化が縄文文化から自生したものではなく、大陸や朝鮮半島から伝播した文化を基に、縄文文化と融合しながら進展していったという点です。

この外来文化の伝播は当然、大陸や朝鮮半島から多くの人々が日本列島へ移動したことを意味します（渡来人）。これら外来文化の伝播は北九州に始まり、北海道を除く各地に拡大していきました。

では、これらの外来文化はどのようなルートをたどり、日本に伝播してきたのでしょうか。

それを知る一つの重要な手がかりが「稲」です。稲は元来日本列島に自生していない熱帯性の植物です。原産地は中国奥地の雲南からラオス、タイ、ビルマ周辺に広がる山岳地帯とする説。中国江南地方長江下流周辺とする説があります。

稲は大きくジャポニカ種、インディカ種、ジャバニカ種の三種に分類されます。この中で日本に伝播したのがジャポニカ種です。では稲はどのようなルートで日本列島にたどり着いたのでしょうか。

注目は長江下流浙江省の河姆渡遺跡。一九七二年、この遺跡から水稲耕作遺物と大量のモミが発見されました（約七〇〇〇年前のもの）。

日本国内最古の稲の水稲耕作遺跡は、九州北部の菜畑遺跡や板付遺跡です（約二五〇〇年前）。

そこで、この長江下流域を出発点、九州北部を終着点とすれば、この二点を結ぶ線が日本列島への水稲耕作伝播のルートということになります。

これに関し、次の三つの説があります。

①台湾・沖縄・南西諸島経由ルート
②華北（または山東半島）・朝鮮半島経由ルート
③東シナ海→朝鮮南部→北九州ルート、または、北九州への直接ルート

ルート①は、民俗学者柳田國男が「海の道」として提唱したもので、航海ルートを安全面から見れば魅力的です。

ルート②は、陸路＋海路ですが、これまで考古学の立場から最有力視されてきたルートです。

ルート③は、最も危険なルートですが、最新の調査で朝鮮には存在しない中国固有の水稲耕作の稲の品種が発見されたことで注目（池上曽根遺跡や唐古・鍵遺跡）。これは稲が大陸から直接日本に持ち込まれたルートの存在を意味するからです。

いずれにせよ、稲とそれに伴う文化が渡来人により日本にもたらされたことだけは確実です。

渡来人がどの経路で日本にたどり着いたのか。それは、いつ頃のことなのか。彼らの源郷はどこか。いまだ研究者の間でも結論は出ていないようです。

特に、稲の伝播に関しては、弥生時代の開始にも関わる重要問題です。稲の伝播は、通説では約二五〇〇年前とされてきました。

ところが近年、さらにそれより五〇〇年さかのぼるのでは、という説も国立歴史民俗博物館研究チームにより出されています。

豆知識　水稲耕作伝播の背景にあったものとは何？

日本での水稲耕作の開始の時期をめぐり、従来説と最新説では約五〇〇年間もの開きがあります。

渡来人の渡来時期を、仮に従来説（約二五〇〇年前）をとれば、当時の中国大陸は「春秋・戦国時代」にあたり、各諸侯が覇を競った乱世の時代。また、最新説（約三〇〇〇年前）をとれば、殷（商）王朝の滅亡から西周の成立の頃と重なります。

こうした渡来人の渡来時期を考える時、契機となった当時の大陸での時代背景を抜きにこの問題は語れません。

人々が故郷を捨てて脱出を図るということは、余程の緊急性があったことが想定されます。これは、現代社会の難民問題にも共通点がうかがえます。その意味で当時の日本列島への渡来人は古代の「ボートピープル」とも言えます。

ともかく、日本列島ではこのような大量移民と水稲耕作の伝播で、狩猟採集社会から稲作農耕社会へと変貌していきました。もちろん地域による温度差があったことも付け加えておきます。

他方、この頃の中国大陸では殷の属国「周（しゅう）」が、前一〇四六年、殷を滅ぼし周王朝を建国。その後、周も前七七〇年、北西方からの異民族の侵入により、しだいに衰え、春秋・戦国時代に突入します。

この乱世を勝ち抜いた戦国七雄の一つが秦（しん）です。前二二一年、秦王の政（せい）が中国最初の統一王朝を樹立（秦帝国）。彼は始皇帝と名乗りました。

やがて、この秦の強大さは西方にも伝えられ、国名は音読みでチーナ（チン）と伝播されました。

インドではこの読みで秦帝国の国名を仏典に記載。後に、仏典と共にこの読みの文字が中国に逆輸入され漢訳されると「支那」となりました。

これが日本へも伝播。東シナ海の「シナ」はその名残りです。また、これが英語のチャイナ、仏語のシーナの語源になったという説もあります。

豆知識 東西二大帝国をつないだ絹の道「シルクロード」

日本が弥生時代の真っ只中の紀元前二二一年、中国大陸では秦が全土を統一しました。

その秦帝国も強権政治が災いし、始皇帝の死後間もなく農民の反乱が勃発。これを契機に秦帝国は建国から一五年間で滅亡します（前二〇六年）。

その後の混乱の中、頭角を現すのが楚の項羽と農民出身の劉邦。最終的に人望厚い劉邦が中国の統一に成功し、樹立したのが漢帝国です。

この漢帝国は途中途切れた時期もありましたが（その時期の前を前漢、後を後漢）、トータルすると約四〇〇年間も続きました。都は前漢が長安、後漢が洛陽です。

前漢の最盛期を築いたのが第七代皇帝の武帝。彼は遊牧民匈奴を排除する目的で大遠征を実行し商人出身の張騫を西域に派遣。「絹の道」（シルクロード）開通の基礎を作りました。

さらに、前一〇八年には朝鮮半島北部も征服。漢はここに楽浪郡を設置しました。以降、漢帝国の影響は朝鮮半島や日本列島にも及びます。

その頃、地中海を中心に栄えていたのがローマ帝国です。イタリアで都市国家ローマが産声を上げたのは前八世紀頃。前三世紀にはイタリア半島を統一。前一世紀末には、地中海一帯を支配下に置く大帝国に発展しました。

そのローマ帝国と漢とを結び付けた東西交通・貿易の主要幹線こそが「絹の道」です。その名称は漢の絹が西方へもたらされたことによります。

この道は東西文化の交流とその後の歴史に大きな役割を果たしました。西方から漢へもたらされた文物はその後、日本にも伝播しました。

胡麻・胡豆（エンドウ）・胡椒・胡瓜・胡桃・胡蒜・葡萄・柘榴・メロン・法蓮草などがその例です。胡麻・胡豆・胡椒等の頭の漢字「胡」の本来の字の意味は北方遊牧民を表します。

豆知識

釈迦が誕生した頃の日本は稲作が本格的に開始された弥生時代だった？

日本人の精神文化に多大な影響を及ぼした外来宗教の代表と言えば仏教です（開祖は釈迦）。

釈迦は紀元前四六三年頃、現ネパール国南部にあったカピラ王国の王子として誕生しました。釈迦の正式名は、「釈迦牟尼」（本名はゴータマ＝シッダールタ）。釈迦とは部族の名、牟尼とは聖者を意味します（仏陀という呼ばれ方も）。

生母は釈迦誕生の七日後に没し、母の妹が後妻となり釈迦を養育。一六歳で結婚し一子が誕生。二九歳で、「生・病・老・死」など、世の様々な苦しみを知り思い悩んだ末、人々の苦悩を救うことを決意。一切を捨て出家（「四門出遊」伝説）。

六年間生死をかけた修行の末、苦行の無益を悟り修行を中断。ブッダガヤの菩提樹下で坐禅に入り、七日目の早朝開眼。仏陀（＝悟りを開いた人）となったと伝えられます（三五歳）。

釈迦の教えでは、人生の苦しみ（苦）には原因があり（集）、原因がなくなれば苦しみは消え（滅）、その原因を消すための道があるとします（道）。

仏教とは、この四つの真理（苦集滅道＝四諦）を学び、悩みや迷い（煩悩）を克服する方法（八正道）を実践する宗教です。釈迦は八〇歳の年、クシナガラ郊外で入滅します（涅槃・前三八三年）。

仏教誕生の背景には、紀元前約一〇〇〇年にインドを征服したアーリア人が先住民ドラビダ族支配のため組織化したカースト制度（身分制度）と、それを補強するバラモン教の存在がありました。

しかし、釈迦自身がカースト制度中の上位身分でありながら、そのような身分・地位を捨てて、「万人は平等」という立場を貫いた点は重要です。

この釈迦の教えが、シルクロードを経て、中国・朝鮮半島経由で日本に到達するのは釈迦生誕から約一〇〇〇年後のことです（五三八年）。

豆知識 トランプのキングのモデルは誰？

トランプカードの絵札、キング、クィーン、ジャックにはそれぞれに歴史上のモデルがいます。ここでは、キングのモデルを紹介します。

♠ダビデ王（前一〇四〇〜前九六一年頃）。

旧約聖書に登場する、古代イスラエルの王様です。イタリアのルネサンス全盛時代の彫刻家で名高いミケランジェロの作品、『ダビデ像』のモデルにもなっています。

♣アレクサンドロス三世（アレキサンダー大王、前三五六〜前三二三年）。

古代マケドニアの王。ペルシアへの遠征をきっかけに東方遠征に出発。わずか一〇年で地中海からインドに至る広大な帝国を構築。この遠征には多くのギリシア人が参加。ギリシア文化とオリエント文化を融合させヘレニズム文化を創造します。この文化の影響は奈良法隆寺の柱（エンタシス）や奈良の仏像の中にも見られます。

◆ユリウス・カエサル（前一〇〇〜前四四年）。

共和制ローマ時代の政治家・軍人として有名。彼だけがキングモデル四人の中で唯一「斧」を持ち、顔が横向きなのが大きな特徴。この斧は古代ローマで執政官（コンスル）の権威の象徴として使用されたことに因みます。「賽は投げられた」「来た、見た、勝った」「ブルータス、お前もか」は彼の名言です。ちなみに英語の七月 July ですが、ユリウス暦を創ったユリウス・カエサル（Julius Caesar）の誕生月が由来であると言います。

以上三人は、日本の縄文時代晩期から弥生時代後期にかけ活躍した人物です。

♥カール大帝（七四二〜八一四年）。

西ローマ帝国滅亡後に建国されたフランク王国の国王で、ヨーロッパ全土に遠征。ほぼ全域を手中におさめた人物。八〇〇年にローマ教皇よりローマ帝国皇帝の冠を授けられました（後述）。

豆知識　イエスがキリストとなった瞬間とは？

日本で水稲耕作が浸透した弥生時代中期、ローマ帝国支配下の西端パレスチナのガリラヤ地方のナザレの村にイエスは誕生しました（前四年頃）。

ローマ帝国時代の諺に「パンとサーカス」があります。為政者がローマ市民に食料（パン）を無料で支給し、奴隷の剣闘士による興業（サーカス）を連日円形闘技場で提供。ローマ人は「ローマの平和」（パクスロマーナ）を満喫していました。

ローマ帝国はこうした市民の生活を満足させるための財源確保の手段に、領土拡大と戦争を継続。その軍事費増大で帝国の財政はひっ迫。負担は帝国支配下の植民地の民の生活を圧迫しました。

イエスは三〇歳頃、家を出てヨルダン川のほとりでヨハネから洗礼を受けます。その後、ローマの圧政下で苦しむパレスチナ人（ユダヤ民族）の前に姿を現し「民族や階級にかかわらない神の愛と隣人愛」を人々に説き始めました。

当時多神教国家ローマは宗教に寛容で、支配下の国々で他民族の信仰を認める政策をとりました。問題はユダヤ民族が信仰するユダヤ教とイエスが説く教えの相違です。ユダヤ教は厳しい戒律を説きユダヤ民族のみが救いの対象に。イエスは「唯一の神を信じる者は誰でも救われる」と。

ユダヤ教指導者は、こうしたイエスの教えの拡大を恐れ、支配者ローマへの反逆の罪をイエスにきせ、ローマ法治下の裁判で裁かせます。結果、イエスは十字架にかけられ処刑されました。

イエスには、処刑の三日後に蘇ったとの伝説が（復活）。この出来事を通し弟子たちはイエスこそ神の子・救世主と確信を持ち、イエスの教えを広めることに。ここにキリスト教は誕生します。

ユダヤ教とキリスト教の根本的違いは、イエスを救世主と見るか否かという点です。（救世主＝ヘブライ語でメシア、ギリシア語でキリスト）。

豆知識 中国の歴史書が語る弥生時代とは？ その一

古代の東アジア諸国は中国の歴代王朝に朝貢し、その「冊封体制」に入ることで、為政者は自己の威信と正当性を保持しようと努めました。

弥生時代後半、その辺りの日本の事情が、中国の正史にも記されています。日本がその存在をやっと中国に認識されたということです。

・前漢時代の『漢書』地理志
・後漢時代の『後漢書』東夷伝
・後漢滅亡後の三国時代の『魏志倭人伝』

ここでは、『漢書』地理志と『後漢書』東夷伝を取り上げてみます。

『漢書』地理志の中の前一世紀頃の日本の様子。

「夫れ楽浪海中に倭人有り、分かれて百余国と為る。歳時を以て来たり献見すと云う」（楽浪郡の海の向こうに倭人がいて一〇〇余りの国に分かれている。おりおり貢物を持って挨拶にやってくる。

※楽浪郡＝漢朝が設置した朝鮮半島の郡）

『後漢書』東夷伝の、左記は日本を記した箇所。

「建武中元二年、倭の奴国、奉貢朝賀す。使人自ら大夫と称す。倭国の極南界なり。光武、賜うに印綬を以てす」（建武中元二年（西暦五七年）、倭の奴国が貢物を持って挨拶にやってきた。使いは自らを大夫と称する。奴国は倭の最南端にある。光武帝は印綬を与えた。）

この印綬こそが『漢委奴国王』の金印です。

また、同書には次のような記述もあります。

「桓・霊の間、倭国大いに乱れ、更に相攻伐し、歴代主無し」（桓帝・霊帝の治世の間（一四七～一八八年頃）、倭国で大乱が起き、互いに攻撃し合い、何年もの間、主がいない状態だった）と。

そして、この混乱状態が約半世紀も続いた後、後漢滅亡後の三国時代の『魏志倭人伝』に登場するのが、女王「卑弥呼」を盟主とする連合国家「邪馬台国」です。

豆知識　中国の歴史書が語る弥生時代とは？　その二

『魏志倭人伝』の正式名称は、歴史書『三国志』の中の『魏書』第三〇巻『烏丸鮮卑東夷伝倭人条』です。『三国志』は、三世紀末中国の三国時代の後の西晋の陳寿により書かれた歴史書です。

この『魏志倭人伝』をめぐる最大の謎が、邪馬台国の位置で、いわゆる邪馬台国論争が九州説や近畿説という形で今日まで続いています。

この問題が起こる最大の原因は文書の記述の不正確さです。なぜなら陳寿は来日経験がなく、伝聞した内容をこの文書にまとめたからです。

また、この文書が中華思想で書かれているという点も考慮したい点です。例えば、倭国の「倭」の本来の漢字の意味は、従順・低姿勢。邪馬台国の「邪」は不正・よこしまという意味。卑弥呼の「卑」は卑しいという意味。中華思想では周囲の国に関しては悪い漢字を当てるのが常識でした。

ともかく、こうした文書はあくまで中国側の記録であり、伝聞による日本の国内事情の記述は信憑性という点で配慮が必要です。あくまで虚偽や誇張、中華思想が含まれることを前提に読み進めたいものです。

しかし、こうした問題点はあるにしろ、当時の日本を知る上で唯一の文献資料であることも事実で、特に外交面では注目すべき記述があります。

特に景初二年（二三八年）、女王卑弥呼の使者が魏の明帝に朝貢したこと。対する明帝が「親魏倭王」の称号、金印と紫綬及び銅鏡一〇〇枚下賜などの記述は、当時の外交を知る上で重要です。

また、正始六年（二四五年）、帯方郡の太守からの報告で邪馬台国と狗奴国の不和を知った魏の斉王が、「詔書・黄幢」を持たせた使者を派遣。檄文を手渡し告諭したとの記述も見られます。

邪馬台国の外交が魏の「冊封体制」の中に組み込まれていたことは確実と言ってよいでしょう。

豆知識 渡来人がやってきた後、先住民の縄文人はどうなったの？

縄文時代の後半に、水稲耕作技術とそれに伴う文化を身に付けた大集団が、大陸や朝鮮半島から北九州に渡来しました（渡来人）。

しかし、彼らが日本列島にやってきた時すでにそこには先客（縄文人）の存在がありました。

さて、ここで皆さんに質問です。渡来人は縄文人との遭遇にどう対処したのでしょうか？

①渡来人が縄文人を追い出しそこに定着

②渡来人は縄文人との融和と共生を図った

実はこの問題は、「日本人の起源」とも関わる大変に重要な問題です。

ここに近年、国立科学博物館が発表した現代日本人ゲノム（全遺伝情報）解析のデータがあります。それによりますと、現代日本人は縄文人のDNA約一〇％を受け継いでいるという報告です。さらにこれを地域別に詳しく解析すると、

・北海道アイヌの人々→縄文人のゲノム約七割
・本州の人々　　　　→約一割
・沖縄の人々　　　　→約三割

という結果が出たそうです。

この結果から、日本人全体が縄文人の遺伝子を受け継いでいること、また、本州の人々は渡来人との混血度合いが高いことがわかります。

こうした客観的データから、渡来人たちは先住民（縄文人）との人種対立の解決にあたり、多くの場合、通婚などを通した「混血」という形で、穏便で融和な対策をとったことが推測されます。

ただし、同じ渡来人でも民族構成や集団の性格に相違があったはずです（温厚か過激か）。その違いが渡来後の先行渡来人や縄文人への対応に現れた可能性は十分あったと考えられます。

こうした日本人の形成過程が「和を貴ぶ心」や「外来文化受容への積極性」という日本人の精神形成に与えた影響は大きいものがあると言えます。

4 「空白の四世紀」とは（古墳時代）

Q　なぜ、日本の歴史の中に「空白の四世紀」が生じたのか？

弥生時代に続く時代が「古墳時代」です。三世紀半ば～七世紀末頃の約四〇〇年間を指します。

古墳時代の推定人口は約五四〇万人。この数字は、弥生時代の九倍にも達し、耕地の拡大と米の生産がいかに増大したかを物語っています。

さて、古墳時代の時代名ですが、「土を盛り上げて造る大きな墓」（古墳）からきています。

古墳は北海道と沖縄、そして東北の一部を除く全国各地で造られ、特に近畿地方を中心に巨大な前方後円墳が造営されました。この時代は古墳の特徴から、前期・中期・後期・終末期と四区分されています。

その前期（三世紀後半～四世紀）の中でも古墳が特に巨大化し始めた四世紀を「空白の四世紀」と呼ぶ場合があります。空白とは「文字での記録が残されていない」という意味です。

中国の三国時代。魏の「冊封体制下」にあった邪馬台国女王卑弥呼が亡くなったのが二四八年。しばらく混乱の後、卑弥呼の宗女壹与（いよ）が後を継ぎその混乱は収拾します（『魏志倭人伝』）。

一方、大陸では二六五年、魏が晋（しん）に滅ぼされ、翌二六六年、中国歴史書に倭人朝貢の記述が残されます（『晋書（しんじょ）』武帝紀（ぶていき）。朝貢は壹与と推定）。

問題はそこからで、これを最後に日本から中国王朝への朝貢は途絶。再び日本が登場するのは、四一三年のことです（『晋書』安帝紀（あんていき））。

実はこの、二六六～四一三年の約一五〇年間を指して「空白の四世紀」と言います。

では、なぜそうした空白状態が生じたのでしょうか。結論から述べますと、当時、中国・朝鮮・日本は共に社会的混乱状態にあったからです。

中国では二八〇年、晋王朝が中国を統一して、三国時代を終焉させましたが、その後継者争いから再び混乱期に突入。四二〇年、晋が滅亡するや、北方異民族建国の北魏（北朝）と漢民族建国の宋（南朝）が並存する南北朝時代を迎えます。

朝鮮では、華北から移住した遊牧民の一族が、半島北部の楽浪・帯方一帯を占領し高句麗を建国。半島での勢力拡大を図ります。南部では、百済・新羅が新国家を建設。互いに覇を競い合い、南端の加羅地方は小国分立の状態にありました。

日本では邪馬台国が忽然と姿を消します。これに代わり、大和地方に突然「大和政権」が登場し、しだいに勢力を拡大、他地域の豪族を圧倒します。これらの過程の中で、突如日本の歴史上に登場したのが、巨大古墳＝前方後円墳です。

その頃の日本ではまだ文字で歴史を残す習慣がなく、また、国内の混乱から中国王朝への使節を送ることができなかったことも、記録が残されていない大きな要因の一つです。

この大和政権の誕生過程や邪馬台国との関連については、現在も全くの「謎」です。

ただ当時の大和政権と朝鮮半島の国々との関係をうかがわせる二つの重要資料が残されています。

一つは奈良県石上神宮に伝世されてきた鉄剣七支刀の刀身の両面の六一文字の銘文。他の一つが中国吉林省の好太王碑の碑文です（次頁参照）。

前者は、「泰和四年（三六九年）、百済王の太子が倭国王のために造った七支刀で後世まで伝えてほしい」との内容が刻まれています。（諸説有り）

この「倭国王のために造った」行為が下賜なのか献上なのかの論争は現在も続いています。ともかくこの刀剣は当時の倭国と百済の蜜月ぶりをうかがわせる大変貴重な資料には違いありません。

豆知識　『好太王碑』の碑文から読み取れることは何？

「空白の四世紀」の大和政権と朝鮮半島の国々との外交関係をうかがわせる重要資料に、中国吉林省に現存する『好太王碑』の碑文があります。

当時、朝鮮半島では高句麗・新羅・百済などが成立し、南部の加羅地方は小国の分立状態にありました。『日本書紀』には加羅を「任那（みまな）」と呼び、倭国が統治したとの記述が見られます。

その真偽はともかく大和政権が半島に進出し、かなりの勢力を持っていたのは確かなようです。それを裏付ける資料が当時の高句麗の都（丸都（がんと））に残された『好太王碑』の碑文です。

約一八〇〇文字からなるこの碑文は、高句麗王好太王の息子長寿王が、生前の父親の功績を讃え記録するために建立したものです。次の文がその記録の要点です。

・「倭国軍が海を渡り朝鮮半島に進出した」
・「倭国軍が百済・新羅を支配下に置き、朝貢させた」
・「（西暦四〇四年）帯方地方に侵入してきた倭国軍を高句麗軍が打ち破った」

これは、四世紀末〜五世紀初頭の日本と朝鮮の関係を記した唯一の資料とも言えます。

当時、鉄の産地「任那」（加羅）を手中に収めることで、国内での優位を保っていた大和政権の戦略の一端を強く感じさせられます。また半島南端部に前方後円墳と同形式の古墳が存在することも、大和政権の勢力範囲拡大をうかがわせます。

ともかく、高句麗軍との戦いで高句麗騎馬隊に手痛い敗北を帰した大和政権は、対抗手段として当然騎馬での戦闘を意識せざるを得なくなります。

この戦い以後の古墳の中に「馬具」が突然副葬され始めるのはこの事象の表れと考えられます。

その後、大和政権は当面朝鮮半島への軍事介入を見送り、外交戦術に舵を切ることになります。

豆知識　日本列島は北方「騎馬民族」に征服された？

四世紀前半、北方から遊牧民が華北に侵入し北魏を建国。晋朝一族は、江南地方に逃れ（東晋）、南北朝時代（四三八～五八九年）が出現しました。

こうした北方遊牧民の動きは東アジアに大きな影響力を及ぼし、文化面では遊牧民の乗馬の風俗や習慣、西方伝来の大乗仏教なども中国に定着。

朝鮮半島でも同様の動きは見られ、中国東北部で半農半狩猟生活を送るツングース系北方民族が騎馬民族化し高句麗を建国。半島の均衡を破り、それが前述の好太王碑文の記述につながります。

このような、華北・朝鮮半島での混乱で生じた避難民の波が弥生時代同様、日本に再び「渡来人」という形で押し寄せます。こうした人々を大和政権は「モノ資源」（鉄）同様、「ヒト資源」（知識人・技術者）として独占。彼らを積極的に受け入れ、活用して政権強化に役立てていきました。

五世紀頃のこうした渡来人により伝えられた新技術には鍛冶・金属加工・焼物・機織り・土木等があります（古墳の高度な建造技術・焼物では、土師器（はじき）がより硬質の須恵器（すえき）に変化）。文化面では、儒教・仏教・漢字・暦・医療等の伝播もありました。

戦後間もなく、こうした東アジアの民族大移動に着目した考古学者江上波夫氏は『騎馬民族征服説』を提唱。江上氏は、古墳の副葬品が前期と後期で異質なことに注目（後期では騎馬民族的性格が濃厚）。「四～五世紀頃、アジア北東部の騎馬民族が朝鮮半島から日本に渡来して北部九州・畿内を征服し、大和政権を樹立した」とする仮説を発表。この仮説が一世を風靡した時期もありました。

しかし、四～五世紀の現実の軍事行動の流れは、朝鮮半島から日本にではなく、その逆で、「倭人」による朝鮮半島への進出でありました（例『好太王碑文』）。こうした点を踏まえ、現在では、『騎馬民族征服説』は下火となっています。

豆知識　『日本書紀』に登場する地名「新羅」が意味するものとは？

『古事記』『日本書紀』は、八世紀初め大和朝廷により編集された日本最古の歴史書です。そこには、神話の世界から、持統天皇までの皇室の系譜・歴史が記されています（両書合わせて『記紀』）。

『記紀』では神話の世界と歴史が直結しており、その接点はグレーゾーン扱いとなっています。

筆者が神話の中で特に興味を引くのは、神々に二種類の体系が存在することです（天上界の神々＝天津神と、地上に土着する神々＝国津神）。

日本の神話ですので、海外地名は出てこないのは当然ですが、唯一例外があります。それは、天津神の主神アマテラスの弟スサノオが悪事を働き天上界（高天原）を追放されて、地上に天降った時のその場所です。

『記紀』では共通し、出雲国の肥の河上（斐伊川の上流）の鳥髪（船通山）との記述があります。

その『日本書紀』には、本文の他に異伝があり、その説話の中に不思議な記述箇所があります。

巻一八段の一書に「スサノオは子のイソタケルと共に（高天原から朝鮮半島の）新羅に降りて曽尸茂梨に居たが、『自分はここに居たくない』と言って、粘土で船を作り東に渡り、出雲に着いた」（現代語訳）との記述です。

あくまでこれは異伝での話ですが、それにしてもなぜスサノオは直接出雲に天降らず、わざわざ朝鮮半島の新羅を経由したのでしょうか。

異伝の著者がこの箇所の記述にあたり、恐らく何らかの事情で、朝鮮半島を強く意識していたことだけは確かなことと考えられます。

「神話は単に神話に過ぎない」という見方がある一方で、「神話は何らかの史実の反映」として捉える見方もあります。どちらの立場をとるにしろ、異伝の著者の「何らかの事情」を推理する試みも、歴史を楽しむ秘訣かと思います。

豆知識 巨大古墳「仁徳天皇陵」の造営目的は何だったの？

日本が「空白の四世紀」を経て、中国歴史書に再び顔を出すのが四一三年です（『晋書』安帝紀）。邪馬台国の最後の朝貢から、なんと約一五〇年ぶりの外交表舞台への復活です。そのきっかけは、四一頁で記述した対高句麗戦の敗北による対外戦略の転換と思われます（武力侵攻から外交戦術へ）。それが中国晋王朝への朝貢外交や、南北朝時代の南朝に行った朝貢外交です。この大和政権による東アジア外交を伝える中国側の歴史書が『宋書』『南斉書』『梁書』などです。

これらの歴史書には、「倭国の五王」の名が登場します。この五王が日本古代史の誰であるのかは諸説あります（五王＝讃・珍・済・興・武）。

讃の候補には履中天皇・応神天皇・仁徳天皇、珍には反正・仁徳両天皇の名があがっています。済・興・武については允恭天皇・安康天皇・雄略天皇というのがほぼ定説です。

この倭国五王の五世紀は古墳が数的にも規模的にも河内地方が大和地方を上回った時期です。ここから読み取れることは、政治基盤が地域的に大和から河内へと移転したことが推定されます。

ちなみに、ユネスコ世界文化遺産に登録された百舌鳥・古市古墳群の中の仁徳天皇陵・応神天皇陵古墳は、規模では全国第一位と二位の古墳です。仁徳天皇陵古墳はエジプトのクフ王のピラミッド、中国の秦の始皇帝陵と並び、「世界三大墳墓」とも言われる世界でも最大級のお墓です。

こうした河内地方の巨大古墳は、当時の外交の玄関口＝大阪湾を臨む海岸線に造営されました。この巨大古墳を初めて目にした外国使節の驚きは如何ばかりだったでしょう。

巨大古墳造営を対外的視点で見ると、大和政権の強大さと威信を、視覚的に東アジアに発信する目的そのものだったと考えられます。

豆知識　ヨーロッパに深刻な打撃を与えたゲルマン民族大移動とは？

東アジアが北方遊牧民の侵入による混乱を迎えていた四～五世紀頃、ヨーロッパでも東アジアと同様、民族大移動による混乱が発生していました。その原因がゲルマン民族。彼らは三世紀頃故地バルト海沿岸からドナウ川下流に生活領域を拡大。傭兵や農奴としてローマ帝国領内に移住します。

四世紀後半、アジア系遊牧民フン族が黒海北方から西に侵入するや圧迫を受けた西ゴート族が西に移動を開始。これによる玉突き現象でゲルマン民族もローマ帝国西部に大移動を開始(三七五年)。

こうした民族大移動の外圧に、三九五年ローマ帝国は東西に分裂(ビザンツ帝国と西ローマ帝国)。さらに四七六年、西ローマ帝国はゲルマン人傭兵により滅亡します。他方、民族移動の影響が少なかったビザンツ帝国は、その後も約一〇〇〇年間にわたり継続します（一四五三年滅亡）。

ゲルマン民族は西ヨーロッパ各地に侵入後新国家を建設。中でも最も発展を遂げたのがフランク王国で背景には対宗教政策の成功がありました。当時のキリスト教は教義の違いからアタナシウス派とアリウス派に分裂（前者は「イエスは神の子＝神性持つ」・後者は「イエスは人間」）。

しだいに、前者が優勢となり後者を異端視。劣勢となった後者はゲルマン人の間に信者を拡大。そのため新国家を建設した異端派のゲルマン人が、正統派の旧来住民を統治する構図が誕生しました。

そんな中、フランク国王クローヴィスは、ビザンツ帝国と友好関係を保ちつつ、自らの信仰をアタナシウス派に改宗。これによりフランク国王はローマ教会とも密接な関係を構築して、旧在住民の掌握に成功。フランク王国はローマ教会から権威を与えられ、その見返りとしてローマ教会の政治的・軍事的盾となり、「教皇と皇帝を中心とする西ヨーロッパ世界」が成立しました。

豆知識 クリスマスはゲルマン民族のお祭りだった？

キリスト教の三大行事と言えば、クリスマス（降誕祭）・イースター（復活祭）・ペンテコステ（聖霊降臨祭）です。中でも日本人に一番なじみ深いのがクリスマスです。

クリスマスはイエス・キリストの誕生日と思いがちですが、この一二月二五日、正確には「誕生を祝う日」であって、誕生日そのものではありません。なぜなら、イエスの生まれた日について、新約聖書には、はっきりと書かれてないからです。

では、どうしてこの日が出てきたのでしょうか。

実はこの一二月二五日はローマ帝国とゲルマン民族の祭典と深く関わっていたのです。ローマ帝国ではこの日、太陽神ミトラスを祀るミトラス教の冬至祭と農耕神祭を、また、ゲルマン民族でも冬至祭を行っていました。この三つの伝統的祭典がまさに「その日」、一二月二五日でした。

クリスマスツリーの起源も、ゲルマン人の「精霊崇拝」やローマの豊作祈願の樹木礼拝にその源泉があるという説もあります。

少し複雑なのは、サンタクロースです。この人物の元々のルーツは四世紀頃の東ローマ帝国の聖職者聖ニコラウスです。彼の命日が一二月六日だったことから、この日、子どもにプレゼントをする習慣ができたようです。後にこの習慣はヨーロッパの多くの地域でクリスマスと合体しました。

ところが宗教改革後に新教では聖人崇拝が否定されます。そこでプロテスタント系の強いドイツでは、プレゼントを運んでくる主役は聖ニコラウスではなく、代役としてクリストキント（女性の天使）やヴァイナハツマン（クリスマスおじさん）が果たすようになり、現在に至ります。

このヴァイナハツマンについては、ドイツ版のサンタクロースには違いないですが、ゲルマン人が信じてきた妖精という説もあります。

第二章　大陸との交流Ⅱ

5 中国の冊封体制からの離脱（飛鳥時代）

Q 中国を再統一した隋に、大和政権はどのように臨んだのか？

古墳時代に続く時代を「飛鳥時代」と呼びます。この時代は、推古天皇が即位した五九二年から七一〇年まで、宮や都が飛鳥（奈良地方南部）に置かれていた一一八年間を指します。

この時期は、大和政権が国の内外の情勢により政治的・外交的に大きく動揺しました。

東アジアでは中国の後漢が滅亡後、激動と戦乱がおよそ三七〇年間も続き、それに終止符を打ったのが隋による中国統一でした（五八九年）。

隋王朝の出現は周辺国家にとって大きな脅威でした。これは大和政権にとっても同様で、いかにこの脅威を軽減するかが大きな外交課題でした。

さらに今一つ、政権を悩ます外交課題が、朝鮮半島で勢力を拡大する新羅の動向でした。

この二つは大和政権にとり緊急課題として浮上。外交努力と国内改革が迫られることとなりました。ここで登場するのが聖徳太子（厩戸皇子）です。太子は推古天皇・蘇我馬子との協力体制下で、隋との外交に力点を置き、遣隋使を六〇〇～六一八年の間に三回派遣しました（五回説も）。

次の文章は、第二回遣隋使大使の小野妹子が、皇帝煬帝に国書を提出した場面の記録を現代語訳したものです（資料は『隋書倭国伝』）。

「大業三年（六〇七年）、その王の多利思比孤が遣使を以て朝貢。使者曰く、海西の菩薩天子、重ねて仏法を興すと聞き、故に遣わして朝拝させ、兼ねて沙門数十人を仏法の修学に来させた」

「その国書に曰く、日出ずる処の天子、書を日没する処の天子に致す。恙なきや。帝はこれを見て悦ばず。鴻臚卿の曰く、蛮夷の書に無礼あり。再び聞くことなかれと語った」

　これは中国側の隋の記録には違いありませんが、「日出ずる処の天子、書を日没する処の天子に致す。恙なきや」の箇所は日本人が、自らの記録を歴史に文字として残したという点で画期的出来事だと言えます。それは、これまで中国の歴史書の中の存在だった日本が、自らの言葉で「日本の歴史」を刻んだ瞬間でもあったからです。

　ここでよく指摘されるのは、煬帝が「これを見て悦ばず」の部分で、日本側の国書の「天子」の表現に煬帝が「無礼あり」としたことです。

　中国儒教思想では天子＝世界で唯一無二の存在です。それまで中国王朝冊封体制下にあった倭国に天子の称号を認めると、隋帝国と倭国が対等であることを意味したからです。

　しかし、この件をもって没交渉とはならず、両国の関係も立場もそのまま推移します。その背景には、いまだ隋に従わない高句麗対策があったことも推測されます。それはともかく、聖徳太子が当時の東アジア情勢を的確に分析し、洞察力と交渉力で微妙な駆け引きを行った点はすごいものです。

　その外交は東アジア諸国の中で、中国王朝の冊封を拒否した最初のケースで、中華秩序からの離脱を意味しました。これは日本古代史における外交の転換点とも言える大きな出来事でした。

　国内的にも隋の皇帝に「天子」の称号を認めさせたことで、国内の連合国家の豪族に大王（天皇）の地位が他の豪族より一段上の存在であることを知らしめる絶大な効果もありました。

　遣隋使船には朝廷の使者の他に、多くの学問僧や留学生も同乗していました。やがてこれらの人々が隋の進んだ制度や文化を学び日本に戻ってきます。こうした人々が、日本の新たな政治改革幕開けの原動力となっていきます。

豆知識 仏教伝来が大和政権に及ぼした影響とは？

仏教は五三八年、日本に伝来し、その後の歴史・社会に多大な影響を及ぼすことになります。

仏教伝来当初、大和政権内部でその受け入れをめぐり勃発したのが軍事を司る物部氏と外交を司る蘇我氏の対立です（保守派の物部氏は廃仏、渡来系の蘇我氏は崇仏）。

この問題は、両氏の権力争いに直結し複雑化します。その後、この論争が絡む政争は両氏の子や孫世代にまで波及。最終的に蘇我氏が物部氏を滅ぼし決着が付きました（五八七年）。

この戦いで蘇我氏側に付いた若き聖徳太子が仏教の守護神四天王の像を彫り戦勝を祈願。蘇我氏を勝利に導いたという逸話は有名です。また、戦勝後、四天王の加護に感謝し太子が建立した寺院が大阪四天王寺という伝承も残されています。

この太子の偉業の一つに十七条憲法の制定が挙げられます。その第二条に「篤く三宝を敬え。三宝とは仏・法・僧なり」とあります。ここからも、太子の仏教への畏敬の念が強くうかがえます。

その一方で、太子は日本の伝統的神々を祀ることも怠りませんでした。

この時代の文化（飛鳥文化）には仏教と国際色の豊かさという二つの大きな特徴が見られます。

世界最古の木造建築法隆寺は、「日本に招来した外国文明の象徴のような建造物」とも言えます。

これら寺院や仏像の製作には多くの渡来系の人々が携わりました。国際色の豊かさという点では、当時の中国や朝鮮半島、インド・ペルシア・ギリシアの文化ともつながる影響が見られ、これはシルクロード交易の賜物と言えます。

法隆寺の柱のエンタシス様式（ギリシア建築）や金堂内装飾天蓋の忍冬唐草模様（起源は、古代エジプトやギリシア）等は、そうした影響の代表例としてよく挙げられます。

聖徳太子逝去後の内外情勢激変に大和政権はどのように対応したの？

六二二年、聖徳太子が逝去。これを機に国内では蘇我氏による朝廷私物化が表面化。大陸では隋が滅亡し、唐が出現します（六一八年）。

この頃、遣隋使として派遣されていた留学生や学問僧が帰国。彼らの貴重な海外情報や大陸文化の伝達は国内の新たな政治改革の原動力となり、ここに聖徳太子が蒔いた種が発芽することに。

その改革の中心的人物こそが、内外情勢に危機感を募らせた中大兄皇子や中臣鎌足です。

彼らはまず国内問題に着手。その第一歩が蘇我入鹿暗殺の断行でした（六四五年、乙巳の変）。次いで、中大兄皇子は叔父舒明天皇の皇太子となり、国内政治改革に着手（大化の改新）。

このクーデターによる改革は唐の脅威に呑み込まれないための国内体制固めの一環と言えます。

そこで早速、中大兄皇子は唐王朝の情報収集のため、第二次遣唐使を派遣しました（六五三年）。

この頃、朝鮮半島では百済と新羅の対立構図がありました。そんな折、国を統一した唐は朝鮮半島の国々に朝貢を呼びかけ、百済・新羅・高句麗は共にこれに応じます。問題はここからです。

百済は新羅に奪われた領土奪還のため高句麗と密約を交わし、同盟を組み新羅に侵攻。そこで新羅は唐に救済を求め、唐は仲裁を買って出ます。しかし百済・高句麗はこれに応じず、面子を潰された唐は、まず高句麗への遠征を開始します。

ここに至り、百済・高句麗×新羅の対立構図が、百済・高句麗×唐・新羅へと変化します。

しかし、高句麗は唐を相手に善戦し、一旦唐の攻撃を撃退します。そこで唐は攻撃目標を高句麗から百済に変更し、唐・新羅の連合軍は百済に侵攻。結果、百済は滅亡（六六〇年）。こうした唐の動きに危機感を抱いたのが中大兄皇子です。

豆知識

白村江の戦いの結果は日本にどのような影響を与えたの？

六六〇年に滅亡した百済では、その後も遺臣が抵抗運動を続け、日本に援軍を要請してきました。

これを受け大和政権は援軍派遣を承諾。中大兄皇子自ら渡海し、百済の地で新羅軍との戦いに臨み、これを圧倒します。さらに大和政権は三万弱の半島派兵を決定（六六三年二月）。

これを知った唐も大軍を半島に動員。同年一〇月、半島西岸錦江流域で大和派遣軍と唐水軍とが遭遇。海上で激戦となりますが、大和派遣軍は大敗します（白村江の戦い）。敗れた派遣軍は敗残兵と亡命を希望する百済人を船に乗せ日本に帰還。

この時の百済難民の数は不明ですが大和政権は百済の王侯貴族をそのままの地位で受け入れます。平安時代の貴族の名簿『新撰姓氏録』は、貴族の三分の一は中国・朝鮮からの渡来系。その三分の一が百済系の人々だったと伝えます。

ともかく敗戦後、百済復興の道は途絶え、朝鮮半島における日本の地位は完全に喪失。その後、高句麗も唐・新羅連合軍により滅亡（六六八年）。結果的に新羅が朝鮮半島統一を果たしました。

ここに至り日本は建国以来最大の危機を迎え、唐・新羅の侵攻に備え臨戦態勢構築に入ります。大宰府の防衛強化、大阪湾に面した難波宮を近江大津宮に遷都、各地に山城を構築、対馬・筑紫への防人配備等々。また、中大兄皇子は天智天皇として即位し、今後の唐との関係を模索し始めます。

六六五年、唐は戦後処理の使節を日本に派遣してきます。これを機に、天智天皇も唐との国交を図り正式な遣唐使を派遣しました（六六九年）。

このように、唐への独立の意志を示しつつ国交を保つという路線は、その後の日本外交の基調となっていきます。また、朝鮮半島から手を引いたことで、大和政権のエネルギーは内政改革と東北地方遠征へと国内に向けられることになります。

豆知識　「日本」という国号の由来は？

私たちの国の国号はいつから「日本」になったのでしょうか？　これには様々な説があります。

古代中国の歴代の歴史書（『漢書地理志』、『三国志』、『後漢書』、『宋書』、『隋書』）や、高句麗好太王碑文、石上神宮の七支刀など、日本の国号に関する記録は例外なく「倭」です。

古代中国・朝鮮は間違いなく当時の日本を倭と呼んでいました。当時の日本の国を代表する外交使節の国書にも倭国王を用いていました。

しかし、本来「倭」の文字には「矮小、従順」の意味が込められていました。そこで大和の大王は外交的に倭という文字を使いつつも、しだいにこの文字を嫌うようになったと考えられます。

結果、倭と同じ発音の「和」に置き換え、さらに尊称の大を付けて、「大和」と書き、「やまと」と呼ぶようになったと推測されます。

その後七世紀初頭、日本から遣隋使を派遣し、第二回遣隋使の国書では「日出処天子（ひいずるところのてんし）」と、あえて倭の自称を避けています。国書の作成者は聖徳太子その人ですが、「日出処」とは単に、方角を表したものという説もあります。

七世紀の『旧唐書（くとうじょ）』東夷伝、六四八年の遣唐使の記録には、倭国と「日本」という二つを併記。国号の変更とその理由が紹介されています。

・「日本国は倭国の別種なり。其（そ）の国、日の辺に在るを以て、故に日本を以て名と為（な）す。」

・「或（ある）いは曰く、倭国自ら其の名を雅ならざるを悪（にく）み、改めて日本と為す。」

こうしたこれまでの国号「倭」から「日本」への変更は、明らかに唐への独立の意志表示と考えられます。以降、外交に関する限り、国号はすべて「日本」と書き改めました。

国内的には、七〇一年の『大宝律令（たいほうりつりょう）』で国号を日本と定めたとする説が一般的です。

豆知識

日本では外来文化が無条件に取り入れられたの？

飛鳥時代の外来文化の象徴的建造物が法隆寺だとすれば、同時代、日本の伝統的文化を代表する建造物は伊勢神宮だと言えます。

聖徳太子ゆかりの寺、法隆寺は現存する世界最古の木造建築で、創建は六〇七年（推古一五）。ところが、六七〇年に火災で焼失し、その後、再建。その時期は明らかではありませんでしたが、使用されている木材の伐採時期が六五〇～六九〇年代とのこと（奈良国立文化財研究所の調査）。

法隆寺火災焼失から再建までのほぼ全期間が、天武天皇の時代であった点は注目で、法隆寺再建は天武天皇によりなされたと考えるのが自然です。

注目は、天武天皇が伊勢皇大神宮の神事や日本の伝統的建築様式である社殿の再建を二〇年ごとに行うしきたりも定めた点です。

外来文化の象徴的建造物法隆寺の保存方法は「現物保存」。これに対し、日本の伝統的文化を代表する建造物伊勢神宮社殿の保存方法が物ではなく、「システム」という点は大変興味深いです。

天武天皇は仏教を保護する一方で、日本の伝統的神々を祀り大切にしましたが、この姿勢は前述の聖徳太子の姿勢と共通します。

やがて、奈良時代に入ると神道と仏教を調和させようとする日本独特の思想が誕生（神仏習合）。神社に神宮寺が建てられます。

また、中世になると個々の神をそれぞれ仏と結び付ける「本地垂迹思想」が成立。神社に仏像、寺に鳥居が置かれるようになります。このような日本独特の風習は明治初期まで続きます。

こうして、日本の伝統を大切にしつつ、外来文化を柔軟に取り入れていく姿勢（時にはそれを伝統文化と融合させる姿勢）は、この八～九世紀頃に誕生したと考えられます。

豆知識　唐の繁栄が日本に与えた影響とは？

皆さんは唐の付く言葉から何を連想しますか。唐揚げ・唐辛子でしょうか。他にも、唐黍や唐茄子（カボチャの別名）・唐芋（サツマイモの別名）・唐瓜（キュウリ別名）、唐獅子・唐傘・唐草模様等、唐の付く言葉は日本語の中にたくさんあります。「唐」本来の意味は中国王朝を指す言葉ですが、時代の経過と共に、中国伝来のものだけでなく外国渡来のもの全般を指すようになったようです。

唐王朝の建国は六一八年、隋の恭帝から禅譲を受けた李淵が王朝を開き、その後、李淵は中国を統一（六二八年）。都を長安に定めました。

李淵（高祖）は子李世民（太宗）と共に突厥・西域諸国・朝鮮等に遠征し領域を拡大。国内諸制度整備に努め帝国約三〇〇年の基礎を築きました。

唐は隋や北周の制度（均田制・租庸調制・府兵制・科挙制度）を継承し律令体制を整備。中央集権体制の強化に努めました。また、対外的発展も目覚ましく、東西交流を盛んにし国際的文化を大いに発展させ、世界帝国の偉容を誇りました。

都の長安は高さ五mの城壁で囲まれ、その規模は東西九・七km、南北八・六kmにも及びました。市域は碁盤の目状に区画。人口は約一〇〇万を数えたと言われます。アジア各地からの留学生・留学僧も多く、各地の異民族が滞在。世界中の諸文明が集結した国際都市でした。仏教・道教・ゾロアスター教・マニ教・キリスト教（景教〔ネストリウス派〕）等の各宗教施設も設けられました。

日本も遣唐使を約二六〇年間に一六回も派遣（六三〇～八九四年）。当時の最先端の文化導入に積極的に励みました。その意味で唐帝国が日本に与えた影響には多大なものがありました。

その代表例として、持統天皇造宮の藤原京は唐の長安を模した日本最初の本格的都城で、その規模は後の平城京を凌ぐ古代最大の都でした。

豆知識

「右手にコーラン、左手に剣」はホントなの？

日本で聖徳太子が活躍をしていた頃、西アジアで一人の偉人が歴史に登場します。イスラム教開祖ムハンマド（マホメット）です。イスラム教と言えば「右手にコーラン、左手に剣」即ち、「改宗するか、それとも死か」の言葉で語られます。

ムハンマドは西暦五七〇年頃、アラビア半島西岸の大商業都市メッカで、名門部族の家に誕生。幼少期に両親を失い、祖父と伯父の下で商人として成長。二五歳で富豪の女性と結婚します。

四〇歳になったある日、人生の大きな転機が。それが、絶対神アラーの啓示を受けたとされる出来事です。以後「唯一の神アラーに絶対の帰依（きえ）」＝イスラムを人々に説き始めます（六一〇年）。

しかし、当時のアラブ社会は偶像崇拝の多神教が主流で、ムハンマドの厳格な一神教の教えは保守層と対立し、彼自身が追われる身となります。

数年後ムハンマドは教団を拡大、メッカを無血開城し、アラビア半島の統一を果たしました。

六三二年、ムハンマドは六二歳で死去。その後、イスラム教徒はイスラム共同体の指導者カリフ（後継者）の下、周辺に勢力を拡大していきます。六五一年、ペルシア帝国（ササン朝）を征服し、イスラム帝国を建設。拡大への道を歩み続けます。そうした動きはビザンツ帝国をはじめとするヨーロッパのキリスト教徒に脅威となっていきます。

しかし、当時のイスラム教徒は征服地の異教徒に対し寛容で、「改宗か？　貢納か？」の選択をさせました。またキリスト教徒・ユダヤ教徒は「啓典の民」と呼び信仰の自由を認めました。

これはムハンマドがモーゼやイエスに次ぐ預言者という教えに基づくもので、旧約聖書も新約聖書も聖典「コーラン」に先立つ神の啓示の書と見なしました。この点からしても「右手にコーラン、左手に剣」は、甚だしい誤解と言えます。

	奈良時代～平安時代の主な出来事	
	日本の出来事	世界の出来事
奈良時代	710年　平城京への遷都（元明天皇）	
	712年　『古事記』の成立	
		726年　ビザンツ帝国で聖像禁止令 ⇔ ローマ教会反発
	735年　天然痘が北九州に上陸	
	737年　天然痘が平城京で猛威をふるう	
	741年　国分寺建立の詔（聖武天皇）	
	743年　大仏建立の詔。墾田永年私財法	750年　イスラム帝国内で政権交代 ウマイヤ朝 → アッバース朝へ
	752年　東大寺大仏の開眼供養	751年　タラス河畔の戦い
	757年　養老律令の施行	755年　安史の乱勃発
		768年　カール大帝がフランク王に就任
	784年　長岡京への遷都（桓武天皇）	
平安時代	794年　平安京への遷都（桓武天皇）	800年　「カールの載冠」
		843年　フランク王国が三つに分裂
		870年　メルセン条約
		875年　黄巣の乱（農民反乱）勃発
	894年　遣唐使の廃止（菅原道真）	
		907年　唐の滅亡 → 五代十国時代へ
	935年　平将門の乱	935年　新羅滅亡 → 高麗が朝鮮統一
	939年　藤原純友の乱	
		962年　神聖ローマ帝国成立
		979年　宋が中国を統一 （首都開封＝北宋）
	1016年　藤原道長が摂政に就任	
	1051年　前九年の役（源頼義・義家）	1066年　ノルマンディー公国ウイリアムによるイングランド征服
	1083年　後三年の役（源義家）	
	1086年　院政の開始（白河上皇）	1096年　第一回十字軍遠征開始
		1127年　金が華北に侵入→ 金王朝建国 宋は首都を移転（臨安＝南宋）
	1156年　保元の乱（後白河天皇×崇徳上皇）	
	1159年　平治の乱（平清盛×源義朝）	
	1167年　平清盛が太政大臣に就任	
	1180年　平清盛，大輪田泊修築 → 日宋貿易 源平の内乱勃発	
	1185年　壇ノ浦の戦い → 平氏滅亡	

6 シルクロードの終着点（奈良時代）

Q なぜ、平城京が「シルクロードの終着点」と呼ばれるの？

飛鳥時代に続く時代を「奈良時代」と言います。この時代は、七一〇年(和銅三)、元明天皇による平城京遷都から、七九四年(延暦一三)、桓武天皇の平安京(京都)遷都までの約八四年間を指します。政治の中心は平城京（奈良）に置かれ、天皇を中心とした律令体制が整えられて、古代国家の最盛期とも言うべき時代でした。

平城京は唐の都長安を模して造営されました。その規模は長安の四分の一程度（南北約四・八km、東西約四・三kmの規模）。その大きな特徴は、朱雀大路を中心に左京と右京に計画的に区分され、内部は道路により、碁盤の目のように区画設定がなされました（条坊制）。

ただ、日本の宮都と長安との大きな違いは、条坊制は施行されましたが、宮都の四周を堅固な城壁で囲む城郭都市の構造は取らなかった点です。その最大の理由は、日本には大和朝廷にとって脅威となる異種民族がおらず、外敵の侵入を城壁で防御する必要性がなかったからです。

この時代に関連した書物に、平城京を「シルクロードの終着点」、当時の文化（＝天平文化）を「仏教文化」と表現しているのを見かけます。また、平城京や天平文化の共通点として、「国際性豊か」という語句を用いる例も時々目にします。

当時、唐の都長安にはシルクロードを経由し、西方の様々な文化が流れ込んでいました。そうした長安の華やかな文化は西方の様々な文化と共に遣唐使により日本にもたらされ、奈良の平城京で見事に開花しました。平城京が「シルクロードの終着点」と言われるのはこのことを指します。

　その結果として、平城京中心に国際色豊かに花開いたのが天平文化です。天平文化は、飛鳥時代の仏教文化を引き継ぎ、さらに発展させたものです。東大寺・興福寺・唐招提寺等の寺院建築や東大寺盧舎那仏(大仏)をはじめとする仏像の中に、豊かで見事な仏教芸術として見ることができます。

　「国際性豊か」という点では「人と物」という視点で捉えるとわかりやすいと思います。「人」で言えば、七五二年（天平勝宝四）、奈良東大寺大仏の開眼供養が営まれた際、その導師を務めたのがインドから唐を経由して来日した僧侶菩提僊那です。また、呪願師を務めたのが唐の僧道璿。ペルシア人の李密翳も参列したとの伝えもあります。

　このように、唐・朝鮮・インド等の諸外国を含め、一万人以上の僧がこの「国際性豊か」な国家的一大イベントに参列。中国・朝鮮・日本などの舞楽も演じられました。これらの器物は東大寺正倉院に収められています。

　唐の影響を強く受け、四文字の元号を使用したのもこの時代だけです。

　また、平城宮跡から出土した七六五年（天平神護元）の木簡から、ペルシア人と見られる人物名が記されたものが発見されています。特別枠で朝廷の役人の地位が与えられていたようです。

　『続日本紀』には七三六年に帰国した遣唐使が唐人三人と共にペルシア人一人を連れ帰ったとの記録も残されています。

　「国際性豊か」という点を「文物」で言えば、聖武天皇の遺品を収めた東大寺正倉院の宝物の数々がそれを物語ります。

　これら宝物の多くは、シルクロードを経由し、遣唐使が日本にもたらした品々です。この意味で正倉院は「天平文化のタイムカプセル」ということが言えそうです。

豆知識　遣唐使が持ち帰った私たちの身近にある物とは？

遣唐使を通して日本にもたらされた品々には、現在も私たちの身近にあるものが結構あります。

- 植物…西方からブドウ・イチジク、中国原産の温州(うんしゅう)みかん・茶・カリン・柿・梅
- 発酵食品（技術）…蘇(そ)（古代版のチーズ）・味噌・醤油(しょうゆ)・豆腐
- 麺類…そうめん・うどん
- 菓子類…唐果物(からくだもの)（小麦粉などの穀類を加工した油菓子や果餅(かへい)。和菓子の原型）
- スパイス・薬草…胡椒(こしょう)・蔗糖(しょとう)（砂糖）・シナモン・アサガオ（下剤薬として）
- 動物…猫、小国鶏(しょうこくけい)（鶏の一種）
- 遊具…サイコロ・双六(すごろく)・囲碁・輪投げ
- 盆景…盆栽の原型
- 狛犬(こまいぬ)…起源は古代中東。ライオンが空想上の守護獣に変化（獅子像）

ここで挙げたブドウは、西アジア原産種のもの（日本の山野にもヤマブドウが自生）。ブドウの語源はギリシア語のボトルス（botrus）に由来します。ブドウは西アジアから絹の道を通して中国に伝わった際、「ブータウ」の音感から「葡萄」の文字が当てはめられたとも言われます（他説有り）。

猫も遣唐使との関係が深く、遣唐使船の積荷（特に書籍）の鼠による被害防止のためにと船に乗せられ、日本にやってきたのがそのはじめとか。

中には招かざる客「天然痘(てんねんとう)」も遣唐使を通し、七三五年（天平七）、北九州に上陸。二年後の七三七年（天平九）には平城京で猛威をふるったと伝えられます。時の権力者、藤原氏四兄弟がこの病で亡くなったのはこの時期のことです。

聖武天皇が身近に迫る病の恐怖に怯え、この病発生を怨霊の仕業と捉え、封じ込みのために造営させたのが、奈良東大寺（大仏）。そして国ごとに建立させたのが国分寺という説もあります。

豆知識 イスラム社会発展の鍵は何だったの？

日本で平城京を中心とした天平文化が華やかに開花していた頃、西アジア一帯では歴史的大変動が起きていました。

イスラム教の教祖ムハンマドの死後、意志を継いだイスラム教団が、七～八世紀前半にかけ大征服運動を開始します（＝聖戦・ジハード）。

その結果、西アジアに六六一年、巨大な国家「イスラム帝国」が出現しました（ウマイヤ朝）。

この運動により、元々は砂漠の遊牧民であったアラブ人が豊かな農村地帯の都市に支配層として民族大移動を開始します（その数一三〇万人とも）。

イスラム帝国は征服地支配にあたり、各地の伝統文化・宗教に対し比較的寛容でした。異教徒に対しても、「改宗か貢納か」の選択をさせたこともあり、その統治は比較的スムーズに行われました。

こうした柔軟な姿勢により、イスラム帝国は「異質な社会がモザイク状に組み合わされるゆるやかな帝国」として発展。こうしてイスラム帝国は「軍事征服時代」の後、安定した「経済の時代」へと移行していきます。

そのきっかけが七五〇年から翌年にかけてのウマイヤ朝からアッバース朝への王朝の政権交代でした。新政権は七五一年、中央アジアのタラス河畔の戦いで唐帝国軍と激突。これを打ち破り、シルクロードの経済圏を確保しました。

七六二年には首都をダマスカスから、東西交通の要所バグダッドに移転し、ペルシア人を積極的に官僚に登用。その後、首都バグダッドは大いに繁栄し、唐の長安を凌ぐ世界一の国際都市として発展していきます。

その後のイスラム帝国は商業・交易の先進国として、文化的にも大発展を遂げます。途中幾度かの王朝の交代はありましたが、一九二二年、オスマン朝（オスマン帝国）の滅亡まで継続しました。

7 遣唐使廃止と国風文化（平安時代）

Q 遣唐使はなぜ廃止されたのか？

奈良時代に続く時代が「平安時代」です。この時代は、七九四年（延暦一三）、桓武天皇が都を平安京（京都）に遷都。以降、源頼朝が鎌倉に幕府を開くまでの約四〇〇年間を指します。

日本は奈良時代から平安時代まで（正確には平安時代前半）、中国を模倣することに努めてきた「コピー国家」でした。平城京・平安京のモデルが唐の長安だったことからもそれが理解できます。

これは中国という脅威に呑み込まれないための日本側の努力でした。ところが八～九世紀にかけて「コピー国家」からの脱却を目指す新たな動きが出始めます。その象徴的な出来事が遣唐使の停止（後に廃止）です。

では、なぜ遣唐使は停止に至ったのでしょう。その辺の事情を、遣唐使停止を朝廷に提案した菅原道真の動きから探ってみます。

八九四年（寛平六）八月、道真は遣唐使の大使に任命されました。ところが、その一ヵ月後の同年九月、道真は宇多天皇に遣唐使停止に関する建議書を提出します。

この中で道真が遣唐使停止を提案した理由は、唐の国力の衰退と当時の航海の危険性です。

前者ですが、八世紀の中頃、唐では国内で内乱が勃発（安史の乱）。この事件を契機に唐は甚だしく衰え、遣唐使自身の安全が確保できない状態にありました（唐は道真の建議書の一三年後に滅亡）。唐の滅亡は、日本が、中国の脅威に呑み込まれる危険性が減少したことを意味します。

後者の航海の危険性についてはどうでしょう。遣唐使は六三〇年（舒明二）、一回目の派遣から、八九四年（寛平六）の停止まで、二六四年間に任命二〇回、実際の派遣一六回（回数に諸説）。はじめの頃は一回の航海で二隻（後に四隻）がペアで往復。乗員二四〇～三二〇人程度。後にこれが、乗員六〇〇人近くの規模になりました。

驚くことにその派遣一六回中、派遣された船がそろって無事帰国できたのは八回だけ。なんと船の難破率五〇％という命がけの旅でした。

遣唐使一行の中には阿倍仲麻呂のように、唐王朝の科挙の試験に合格し、官吏に登用された人も。後に、仲麻呂は帰国を試みますが、その船が難破し安南（ベトナム）に漂着。帰国かなわず再び唐朝に仕え客死しました。

実は停止理由にもう一つ大きな要因がありました。それは遣唐使の巨額な派遣費用です。これが、国家財政を圧迫したことは間違いありません。

八九四年（寛平六）九月、道真の提案で遣唐使の一時停止が朝議で正式に決定され、その一時停止はそのまま「廃止」へとつながりました。

道真は宇多天皇の親政（寛平の治）を支えた右大臣という重要スタッフでした。宇多天皇は有力貴族の藤原氏を抑える目的で道真を重用したとも言われます。

そこで左大臣藤原時平は強力なライバル道真を朝廷から排除するために、遣唐使大使に推薦。ところが、道真はそれを「遣唐使停止」という形でかわしたとも考えられます。

その道真も、藤原氏の陰謀により九州の大宰府に左遷、その地で悲運な最期を遂げました。

ともあれこの遣唐使廃止という出来事は、その後の日本に大きな影響を与えます。やがて中国から取り入れた律令制度は実情にそぐわなくなり、形骸化、崩壊します。文化面でも日本独自の文化（国風文化）を誕生させる契機となりました。

豆知識 遣唐使廃止によって生じた影響とは？

遣唐使が廃止されると、唐文化の影響が薄れ、日本独自の文化＝「国風文化」と呼ばれる日本風の優雅で洗練された文化が形成されます。

この文化の特色は、特に貴族の生活の諸分野で顕著に表れました。仮名文字・大和絵・浄土教芸術・日本風の服装（十二単）などがその事例です。

仮名文字を見ると、奈良時代～平安時代初期の日本の文字は、日本語の一つの音に漢字一字を当てはめて書き表す方法でした(万葉仮名)。しかし、すべての音を表意文字で表すには無理があり、また日本語には中国語にない独特の表現もあります。

そこで発明された文字（表音文字）が平仮名と片仮名です。日本語の音に合わせ頻繁に使われる漢字の中から、柔らかく字形を崩して作られたものが平仮名です（以→い、呂→ろ、波→は）。また、漢字の一部（偏や旁など）からとって作られたものが片仮名です（伊→イ、呂→ロ、八→ハ）。

こうした仮名文字の発明は、日本の言葉をこれまで以上に自由に、簡単に表現できるようになり、『源氏物語』『枕草子』等の日本独特の文学作品を誕生させることにもなりました。

また「大和絵」「大和魂」という言葉が使われ始めたのもこの時代。現存の文献の中で「大和魂」という言葉の初見例は紫式部の『源氏物語』です。ここで言う「大和魂」とは、唐の文化に対する、「日本古来の伝統や和を貴ぶ心」程度の意味です。

国風文化の特色をわかりやすく貴族の服装で見ると、貴族男子の正装＝束帯や女子の女房装束（十二単）です。女房装束の重ね着の着物の枚数には特にルールはなく、普通は四～八枚程度。中には二六枚という記録もあるそうです。

着物二六枚というとおよそ厚さ約一六・五cm、重さにして約二〇kg程度になるそうです。また着物の色の組み合わせでもセンスを競ったようです。

豆知識　日宋貿易に目を付けたグローバリスト　平清盛

武士団が歴史上に華々しく登場するのは、「承平・天慶の乱」（平将門・藤原純友の乱）です。

この平将門の乱で活躍を見せたのが同族の平貞盛。彼とその一族はその後関東を離れ、基盤を伊勢に移し、ここを根拠地にその周辺各地を支配。武力・財力を蓄えて都で朝廷に仕え、やがて西国に勢力範囲を拡大していきます（伊勢平氏）。

こうした武力・財力をバックに平貞盛から数え五代目の平正盛は検非違使・追捕使として重用されました。彼の嫡子忠盛は武士として初めて院の昇殿を許され検非違使や国司も務めます。特に越前守時代、敦賀港を手中にし、巨万の富を得て平家繁栄の基礎を構築。この忠盛の嫡子が平清盛です。

こうした父の背中を見て育った清盛は、年齢と共に昇進を重ね九州大宰府の大宰大弐という官職に就くや、博多での日宋貿易に力を入れます。

実は、遣唐使の廃止で日唐間の正式な国交は途絶えていましたが、民間の貿易商人により大陸との交易は継続されていました。その貿易は唐王朝滅亡後の五代十国時代、さらに宋王朝時代へ。

しかし、日宋間の国交は開かれることなく、清盛が積極的に推進した日宋貿易もあくまで清盛の「私貿易」と見なされました。その日本における貿易拠点こそが博多でした。晩年、日宋貿易に入れ込んだ清盛が大輪田泊（神戸港）を修築し瀬戸内海の水運を盛んにした話は有名です。

清盛のこの貿易や金銭感覚重視の資質は明らかに父忠盛譲りの遺伝子と言って良いでしょう。

その後の清盛は、保元の乱・平治の乱で源氏の勢力を一掃し、中央政界に華々しく進出します。こうして清盛の平氏一族は全盛時代を迎えます。

ともかく平清盛が日宋貿易を発展させたことで大きな経済力を手に入れ、これをベースに権力を手中に収めたことは確かです。

豆知識　アラブ人に「ワクワク」と呼ばれた国とは?

日本で遣唐使が廃止される少し前の九世紀半ばのこと、イスラム帝国の首都バグダッドで地理学者イブン・フルダーズベが一冊の地理書を著作します。その中に次のような記述があります。

「中国の東方にはワクワクがある。そこでは黄金が盛んに産出され、犬の鎖や猿の首輪に黄金が用いられ、黄金の糸を織り込んだ衣服を売りに出している。」(『諸道と諸国の書』)

さて、この記述の中の中国東方のワクワクとはどこの国でしょうか。ある研究者によると、これは倭国を表す中国広東地方の方言「ワ・クオ」が訛った称号。すなわち、ワクワク=倭国=日本と考えられるとのことです。

さらにこれが、イスラム商人を介し西方に伝播。日本の「黄金島伝説」誕生のきっかけになったのではとのこと。では、この「黄金島伝説」の元ネタは、どこから出てきたのでしょうか。

日本では、七九四年(延暦一三)、陸奥の国で黄金が発見されており、この黄金を聖武天皇に献上。時あたかも奈良東大寺の大仏建立が最終段階での出来事でした。天皇は大いに喜び、この黄金を大仏の鍍金に活用しました。

その後も陸奥国産の大量の金は朝廷に収められ、遣唐使の朝貢品にも活用。これが『諸道と諸国の書』の記述へとつながったと考えられます。

やがて、この「黄金島伝説」は、約四〇〇年後マルコ・ポーロの『東方見聞録』の中の黄金の国ジパングとして復活することとなります。

では、なぜ、この「黄金島伝説」の情報が極東アジアから遥か遠く離れたバグダッドに居住するイブン・フルダーズベの元に届いたのでしょう。

その伝播ルートを探ることが、当時の「絹の道」とは別の東西交易路の存在を浮かび上がらせる大きなカギとなります。

豆知識

東西交易路「絹の道（シルクロード）」と「海の道（マリンロード）」

七五〇年から翌年にかけ、イスラム帝国内でのウマイヤ朝からアッバース朝への王朝の政権交代がなされると首都もダマスカスからバグダッドへ。

そのことでユーラシア大陸からアフリカ大陸にまたがるイスラム広域商業圏が形成され、地中海世界とアジア世界が結合しました。このイスラム商圏で特に成長が著しかったのが「海の道（マリンロード）」です。

「海の道」そのもののルーツは、ローマ帝国が地中海を支配した一世紀頃より、海上貿易に携わっていたギリシア系商人たちがその活動範囲を拡大し、紅海（こうかい）・ペルシア湾からインド洋に進出したことに始まると言われます。さらに八世紀以降、イスラム商人たちはこのルートで活動を活発化させ、最終的に東南アジアから中国沿岸へと東西交易ルートはつながっていったようです。

この「海の道」は、ペルシア湾バスラからマラッカ海峡を経由して、中国広州への全長九〇〇〇㎞にも及ぶ大航海路です。片道およそ一年（往復二年）の直行航路が定期化しました。この「海の道」の開発により、シルクロードと比較できないほどの大量の物資運搬が可能となりました。

九世紀頃、中東世界を舞台とした民間伝承物語の『アラビアン・ナイト』（千夜一夜物語）の原型が創作されたのも大変興味深い話です。

中でも「シンドバットの冒険」は「海の道」を航海する船乗りたちの一獲千金の夢を掻き立てるようなファンタジーの世界を感じさせます。

当時、中国広州にはイスラム商人の巨大居留地が誕生。居住区には一〇万人以上のイスラム圏の人々が在住。長江下流揚州（ようしゅう）でも数千人規模のイスラム商人が貿易に従事したと伝えられます。結果、東アジアの物資と共に「黄金島伝説」のような情報もイスラム世界に伝達されたと考えられます。

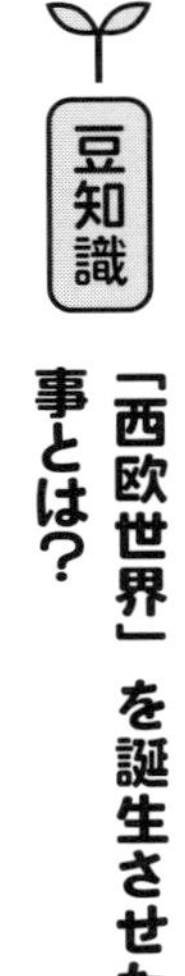

「西欧世界」を誕生させた出来事とは？

日本で平安遷都がなされた頃、西欧では大変重要な歴史的出来事が起きています。西暦八〇〇年、フランク国王「カールの戴冠」です。

四世紀後半、ゲルマン民族の大移動の後、ゲルマン人の小国家を統一し、ローマ教会と密接な関係を築き、大発展を遂げたのがフランク王国でした。しかし、当時の西欧は政治・宗教・文化面のいずれも、ビザンツ帝国の影響下にありました。

そんな中、まず宗教面でローマ教会がこの影響下からの独立の動きを試みます。きっかけはビザンツ帝国皇帝レオン三世が「聖像禁止令」を出したことから始まります（七二六年）。

この禁止令に対し、ローマ教会は猛烈に反発。なぜならローマ教会はゲルマン人への布教のため、キリスト像を用いていたからです。この対立が後のギリシア正教会とローマ・カトリック教会の分裂に直結します。この時、ローマ教会はビザンツ帝国との対抗上強力な協力者を必要としました。

歴史的出来事が発生したのは、八〇〇年一二月のこと。クリスマスのミサのためローマの聖ピエトロ大聖堂にやってきたフランク国王カールが祭壇に額突いたその時、前触れもなく教皇がカールの頭上に黄金の冠を置いたのです。これが、歴史上「カールの戴冠」と呼ばれる有名な出来事です。

その瞬間、参列者は一斉に「ローマ皇帝に永遠の生命と勝利を」と叫び、これを機に、彼は人々からカール大帝と呼ばれるようになります。ちなみにカール大帝と日本の桓武天皇は同時代の人です。

この出来事は、政治的にフランク王国がローマ教会の後ろ盾となり、宗教的にローマ教会がビザンツ帝国から独立したこと、文化的にローマの古典文化・キリスト教・ゲルマン人からなる文化圏が成立したことを意味しました。西洋史ではこの出来事を「西欧世界の誕生」と表現します。

豆知識　西欧諸国の原型はこうしてできた

フランク王国は、カール大帝という一人のカリスマ的人物の存在によって維持されてきました。

※カール大帝はトランプ・カード♥キングのモデル。

ところが、彼の死によりフランク王国とその広大な領土は、三人の子どもたちによる相続争いによって大混乱が生じます（八一四年）。

その王国も孫の代になり、話し合いでやっと落ち着きを取り戻します。そして、その相続はゲルマン社会の分割相続制度により実施されました。それがヴェルダン条約による、西フランク・中フランク・東フランクの三分割です（八四三年）。

その後、八七〇年のメルセン条約で中フランクは南北に分割。その北部は東西フランクによって併合され、南部がイタリア王国となります。

これらが、ほぼ現在のフランス・イタリア・ドイツの基礎を形作ります。

しかし、これら三つのいずれの王国も間もなく消滅し、カール大帝の血筋（カロリング朝）は途絶えることになります。

結果、東フランク王国は国王が諸侯の選挙で決められるようになりますが、後に、ハプスブルク家が世襲する形となります。ここに誕生を見るのが神聖ローマ帝国です（九六二年）。これが現在のドイツの原型となります。

西フランク王国ではカペー朝がフランス王国を建国。さらに王朝はヴァロア朝からブルボン朝へと交替を繰り返し、一八世紀末のフランス革命までこの王朝は継続します。

イタリア王国ですが、神聖ローマ帝国やイスラム勢力等の外敵侵入が繰り返され、そうした混乱の中、教皇領・都市国家・諸侯がそれぞれに自立。分権化状態が続いていきます。やがて、こうした状況が解消され統一を見ます。これが現在のイタリアの原型になります。

豆知識

コロンブスより五〇〇年前に新大陸に到達した白人とは？

西欧の歴史を語る時、ノルマン人の動向は極めて重要です。彼らは、現在の北欧三国に居住した北方ゲルマン人のことです（別名バイキング）。

ノルマンとは「北方の人」、バイキングとは「入江の民」の意味。彼らは、四～六世紀のゲルマン民族大移動の際には移動しませんでした。

彼らの活動が活発化するのは八世紀以降で、その内容は商業・移住・略奪・征服です。特に大船団を組み河川を利用し欧州各地に侵入。都市を襲撃・略奪する行為は住民にとって恐怖の的でした。

彼らは征服地に定着すると、その地に国を建設（第二次民族大移動・八～一一世紀）。中でも、一〇六六年のイングランド征服は有名です。

イングランドは五世紀中頃、ゲルマン人のアングロ・サクソン部族が侵攻し定着。七つの小国を建国。そこに一一世紀、ノルマン人の一派デーン人が襲来。一〇一六年、デーン朝イングランドを建国。そこへ今度はノルマンディー公国のウイリアムが北フランスから侵攻（一〇六六年）。こうしてウイリアムは、イングランド王も兼ね、イングランドにはノルマン朝が建国されました。

そうした彼らの活動を支えたのが、優れた造船技術と航海術です。彼らの操る船には甲板はなく、通常乗員四〇～六〇名程度で、オールと帆で航行。船は吃水（きっすい）が浅いため河川をさかのぼり大陸の奥深くまで侵入が可能。さらに竜骨（りゅうこつ）の採用で横波への安定性も獲得。これにより外洋航海も可能に。

彼らは九世紀後半、無人のアイスランドに植民を開始。さらにグリーンランドを経て、北米海岸に到達しました（一〇〇〇年頃）。コロンブスの米大陸到達（一四九二年）の五〇〇年前のことです。

バイキングと言えばバイキング料理で有名ですが、北欧の前菜料理形式を真似たもので、東京帝国ホテルのレストランが発祥です（一九五八年）。

	鎌倉時代～室町時代の主な出来事	
	日本の出来事	世界の出来事
鎌倉時代	1185年　壇ノ浦の戦い → 平氏滅亡 源頼朝が守護・地頭を置く	
	1192年　源頼朝が征夷大将軍に就任	
	1205年　北条泰時が執権に就任	1206年　チンギス・ハンがモンゴル帝国建国
	1219年　源実朝の暗殺	
	1221年　承久の乱	1227年　チンギス・ハン死去
	1232年　御成敗式目の制定（北条泰時）	1241年　ワールシュタットの戦い
		1260年　フビライ・ハン即位
	1268年　北条時宗が執権に就任	1270年　第七回十字軍（最終）
		1271年　モンゴルが国号を元と定める
	1274年　文永の役（一回目の元寇）	
	1281年　弘安の役（二回目の元寇）	
	1297年　徳政令が出される	1299年　『東方見聞録』マルコ・ポーロ
	1333年　鎌倉幕府滅亡 建武の新政（後醍醐天皇）	オスマントルコ帝国の建国
	1336年　後醍醐天皇吉野へ → 南北朝時代	
室町時代	1338年　足利尊氏が征夷大将軍に就任	1339年　百年戦争勃発（英×仏）
		1347年　モンゴル軍のカッファ包囲戦 → ペストがヨーロッパ伝播
	14世紀頃　倭寇が近海を荒らし回る	14世紀頃　ヨーロッパでペスト大流行
		1351年　黄巾の乱勃発
	1368年　足利義満が征夷大将軍に就任	1368年　明の建国
		1369年　明が日本に倭寇取り締まり要求
	1378年　足利義満が室町に幕府移転	1382年　明による中国統一
	1392年　南北朝の合一	
	1401年　足利義満が「遣明使」派遣	
	1404年　日明貿易（勘合貿易）開始	
	1467年　応仁の乱 → 下剋上の時代へ	1453年　東ローマ帝国滅亡
	1485年　山城で国一揆	
	1488年　加賀で一向一揆	1492年　コロンブスがアメリカ到達
		1494年　トルデシリャス条約
		1498年　バスコ・ダ・ガマがインド航路発見
		1517年　ルターが宗教改革開始
		1528年　コルテスがアステカ帝国を征服

8　モンゴルの襲来（鎌倉時代）

Q　元の皇帝フビライ・ハンの日本侵攻を決断させたものは何か？

「鎌倉時代」とは一一九二年、源頼朝の征夷大将軍就任から、一三三三年、幕府滅亡までを指します（始期には一一八五年等、諸説有り）。

政治面では、権力が朝廷から幕府に移行し本格的に武家政治が開始。経済面では農業・手工業の発達で生産が向上。文化面では簡素で力強い写実性に富む武家文化が誕生。宋の文化も流入。大衆向け仏教宗派が武士・庶民間に拡大しました。

外交面では鎌倉時代の後半、モンゴル帝国による日本への軍事侵攻が二度もありました（元寇）。

しかし、鎌倉武士の奮闘、モンゴル軍統制の乱れ、暴風雨等の自然が味方したこともあり、何とかこの元寇を食い止めることができました。

この出来事は、有史以来の国難とも言える国家存亡の危機でした。

では、モンゴル帝国側の日本侵攻の動機は何だったのでしょうか。

一二世紀後半、モンゴル高原ダダルソムでテムジンが誕生（後のチンギス・ハン）。父はモンゴル族のリーダーでしたが、テムジンが幼少の頃毒殺され、辛い少年時代を過ごしますが成長と共に才能を発揮。やがて行動力と統率力で諸民族を統合。一三世紀には、東は中国大陸北東部、西は東欧、南はイラン高原、北はロシアに至るユーラシア大陸を統一（モンゴル帝国の誕生）。

その孫フビライが一二六〇年、宗家五代目皇帝に即位。しかし帝位継承をめぐり内紛が勃発し、やがて帝国は四つに分裂します。

そして宗家から分離した一族のハン（君主）がそれぞれの領土を治めることになります。その後内紛は四〇年以上続きますが、最終的には「元」を盟主とする緩やかな連合国家に再編されました。

宗家五代目皇帝フビライ・ハンは首都を大都（現在の北京）に遷（うつ）し、皇帝直轄の中核国家の国号を「元」と定めました（一二七一年）。

彼は絶えず帝国の領土の拡大を図り、チベット・高麗（こうらい）を服属させます。次のねらいを、当時の中国の南半分を支配する南宋に定めました。

ところが、この南宋攻略は自慢の騎馬隊の運用が地形により苦戦を強いられます（水田や堀）。そこで、フビライはそれまでとってきた作戦を、力攻めから包囲作戦に転換。南宋と国交のある周辺国からの攻略を開始します。

そのターゲットになったのが、南宋と頻繁に交易関係を保っていた日本です。フビライは日本に朝貢を求めることで自国の支配下に置き、南宋の包囲網を縮めていく作戦に出ようとしました。

ところがここで、まさかの「誤算」が生じます。それは日本が朝貢という形の服属を拒否したからです。しかも一度ならず四度もです。

こうした背景には、南宋から来日した無学祖元（むがくそげん）をはじめ、多くの僧がもたらした情報が鎌倉幕府の政策決定に大きく影響したからと考えられます。

そもそも、フビライの日本遠征の当初の目的は南宋攻略作戦の一環でした。ところが、日本側が服属を拒否したことで、プライドを傷付けられたフビライは一二七四年（文永（ぶんえい）一一）、派兵を決行したわけです（文永（ぶんえい）の役（えき））。

その後、フビライは二度も使者を派遣してきますが、時の執権北条時宗（ほうじょうときむね）は、この使者をいずれも処刑。こうした日本側の対応が、一二七九年に南宋滅亡した後の、二度目の日本遠征への伏線となっていきました（弘安（こうあん）の役・一二八一年）。

豆知識 マルコ・ポーロと『東方見聞録』

マルコ・ポーロはイタリアの旅行家・商人です。一二七一年、一七歳の時、父と叔父に伴われ陸路で元の首都大都（北京）に到着。皇帝フビライ・ハンに謁見後優遇されます。元に一七年間滞在し、その間中国各地をめぐり、イタリア出発から二四年後の一二九五年、海路でベネチアに帰郷します。

その後、ジェノバとの戦争に参戦。捕虜となり、獄中で旅行中に見聞したことを口述し、ルスティケロ・ダ・ピサがそれを筆録し編纂。それが旅行記『東方見聞録』として世に出されました。

この本は日本を、欧州人に「黄金の国ジパング」として初めて紹介した書物です。彼自身は来日経験はなく、中国で聞いた噂話の内容を収録しました。中国語で日本を「ジーベングォ」と発音、彼はそれを「ジパング」と聞き取ったようです。

黄金島伝説の元ネタについては、前節（六六頁）で紹介した通りですが、マルコ・ポーロの黄金伝説にはもう一つの黄金伝説が加わっています。

それは平安時代後期、東北地方に勢力を誇った奥州藤原氏の栄華です。当時の奥州は日本最大の砂金の産地。奥州藤原氏は現在の青森県十三湊を拠点に中国や沿海州との間で独自に交易しており、その際、大量の砂金が交易相手に渡ったと考えられます。『東方見聞録』中の黄金宮殿も、平泉中尊寺金色堂がその原型と推測すれば納得できます。

また、『東方見聞録』の中に、「元の王フビライはこの富にひかれて日本征服を考えたのだ」との記述があります。彼が元寇の原因をジパングの黄金にあったと著書で語ったのは興味深い話です。

ともかく、生前の彼は「ほらふきマルコ」とあだ名され、『東方見聞録』も当時はあまり日の目を見ることはなかったようです。しかし、時代の経過と共に欧州人の東方への憧れが高まるや、再び彼の著書は人々の注目を浴びるようになります。

豆知識　モンゴル軍が西洋に持ち込んだ厄介な「贈り物」とは？

モンゴル軍が元寇を通して日本に残した「贈り物」は、彼らの残虐非道なイメージ＝恐怖心と経済的負担でした。

ところが、モンゴル軍がヨーロッパ大遠征で残したものは、それにプラスして、とんでもない置き土産がありました。それは病原菌のペストです。ペストはネズミやネズミに付くノミを媒介にし、恐ろしい感染力と高い致死性を持つ感染症です。その病原菌が人間に感染すると、高熱・リンパ節炎・肺炎、敗血症などを引きおこす悪性の病です。感染すると皮膚が黒くなることから、別名黒死病（こくしびょう）とも呼ばれました。

この病気は、元々中国雲南地方の風土病でしたが、モンゴル帝国のネットワーク拡大に沿って、黒海沿岸のクリミア半島に持ち込まれました。

一三四七年、モンゴル軍がイタリア商人の拠点クリミア半島港湾都市カッファを包囲攻撃中、自軍の中にペストが流行し病死者が続出します。

すると、なんとモンゴル軍は自軍の病死者の遺体を投石器でカッファの城塞市内に投入。これは人類初の「生物兵器」と言ってもよいでしょう。

結果、カッファ市内はペスト菌で汚染され患者が続出。やがて、カッファからの脱出を図った人々が商船に乗船。これによって、ペスト菌はこれら商船が立ち寄った先のエジプト、イタリア半島の各港から、やがてヨーロッパ全域に拡大していきました。

西ヨーロッパでのペストの流行は、一三四八年以降、人口密集地の都市を中心に始まり、やがてネズミが集まりやすい農村の水車小屋を拠点に、農村地帯にも拡大していきました。

このペストの大流行で当時の全ヨーロッパの人口の三分の一が喪失したと推定され、人口が回復したのは一六世紀に入ってからとも言われます。

豆知識

十字軍が西欧にもたらした影響とは？

十字軍とは、一一世紀末から一三世紀末にかけての約二〇〇年間、西欧のキリスト教徒が聖地エルサレムをイスラム教徒から奪還するという目的で結成された遠征軍です。一〇九六年に第一回が開始、第七回一二七〇年まで続きます（八回説も）。

その背景には、当時西欧の農業生産の向上による人口増加と商業活動の活発化により、エルサレムへの巡礼が盛んになったことが挙げられます。

十字軍は、結果的に失敗。しかしこの運動が中世ヨーロッパに与えた影響は大きく、西欧社会を変動させる大きな要因となっていきました。

影響その一。十字軍を呼びかけたローマ教皇の権威の失墜。これが一六世紀のローマ教会への批判、さらに宗教改革へとつながっていきます。

影響その二。諸侯・貴族の没落。これが、中世封建社会の崩壊＝荘園（しょうえん）制の崩壊へ。他方、遠征を指揮した皇帝・国王の権威は高まり、中央集権国家の成立へと時代は動いていきます。

影響その三。イタリア諸都市の繁栄と東方文化の西欧流入。イタリア商人は戦争に協力する一方、イスラム圏と東方貿易を活発化。北イタリア諸都市の繁栄はルネサンス時代の下地に。また東方文化の流入は、西欧人の東洋への関心を高め、大航海時代＝「地理上の発見」への素地となります。

なおここで抑えておきたい点は、十字軍の遠征はモンゴル帝国が勃興した時期と重なる点です。

この時代、西欧キリスト教世界・イスラム世界・モンゴル遊牧民世界の三つの世界が「三つ巴（みつどもえ）の抗争」を展開。西欧キリスト教徒が十字軍を派遣している間も、モンゴル軍によるヨーロッパ大遠征やイスラム圏への侵攻は敢行されていました。

十字軍はキリスト教徒にとり正義の軍隊ですが、イスラム側からすれば侵略者であることに変わりなく、この点は中東問題理解の上で重要です。

豆知識　運動会での「フレ〜フレ〜」の語源とは？

一二〜一三世紀にかけ、史上最強のモンゴル騎馬軍団は向かう先々で諸民族を圧倒し、人々に恐怖心を与え続けました。

実は、この対戦相手の恐怖心を煽ることこそ、モンゴル軍特有の心理作戦で、彼らの強さの秘訣の重要な要素の一つとも言われます。

当時、モンゴル軍の残虐非道ぶりはよく知られており、逆らった都市の住民大量虐殺・徹底破壊は彼らのお家芸でもありました。こうした行為が恐怖心を生み相手方の戦意喪失に直結しました。

一例がモンゴル軍によるヨーロッパ大遠征の途上でのワールシュタットの戦い（一二四一年）。この戦いで圧勝したモンゴル軍はその後、約一ヵ月間、ポーランドで残虐の限りを尽くし、全ヨーロッパを恐怖のどん底に陥れました。

ワールシュタットとはドイツ語で「戦死者の場所」の意味です。当時の恐怖感が地名として今なお人々の深層に息付いている証拠でもあります。

そんなモンゴル軍が、突撃に際し、自軍の士気高揚のため発した掛け声こそが「フラ〜！」です。攻撃を受ける側からすればこの掛け声は「悪魔の声」そのものだったに違いありません。

この「フラ〜」が、モンゴルの支配を受けたロシアではこれを真似て「ウラ〜」に。これがドイツに入ると「フザ〜」。さらに英語圏に入ると「フレ〜」に変化していったと言われます。

この英語の「フレ〜」が日本に移入されたのが一九〇五年（明治三八）のこと。早稲田大学の野球チームが渡米した折に、これをカレッジエールとして持ち帰り、日本国内での自校チームの応援に用いたのが最初と伝えられます。

現在でもロシア軍ではパレードや儀式で「ウラ〜」の掛け声を使用。現モンゴル国の国軍は元祖「フラ〜」を伝統的に用いているとのことです。

9 倭寇と日明貿易（室町時代）

Q 三代将軍足利義満の時代、中国との関係で大きく変化したことは何？

一三三三年（元弘三）、鎌倉幕府が滅亡し、鎌倉時代が終焉します。その後、後醍醐天皇が独自の復古的・専制政権を樹立（建武の新政）。ところが新政は失政が続き混乱し続けます。

一三三六年（建武三）、足利尊氏が新たな武家政権の樹立を宣言（「建武式目」制定）。一三三八年（暦応元）、尊氏は光明天皇から征夷大将軍に任じられ室町幕府が成立。「室町時代」が始まります。

この時代名称は、三代将軍足利義満が京都室町に幕府を置いたことに由来します。この時代は、一三三六年から一五三七年（天正元）の幕府滅亡まで、約二四〇年の長期にわたり継続します。

外交関係で見ると、中国王朝が元朝から明朝に変わり、三代将軍義満が日明貿易（勘合貿易）を開始したことにより、中国（明朝）との新たな外交が展開されることになります。

室町幕府は開幕当初より軍事・財政の両面にわたり基盤が弱く、有力守護大名に支えられた軟弱組織で、その基盤強化が大きな課題でした。そんな幕府の三代将軍に義満が就任したのは、わずか一一歳の時でした（一三六八年〈応安元〉）。

しかし、義満は成長と共に実力を発揮。彼が目指したのは「将軍専制権力の確立」でした。そのための必要不可欠要素は軍事力と財政力の強化です。彼はその目的達成のため諸政策を推進します。

軍事力強化では、有力守護大名の弱体化と将軍直属の軍団の結成（奉公衆）。財政力の強化では、年貢米だけに頼らず、当時広まっていた貨幣経済に注目し、銭による税収入という方法を計ります。関所の通行税、港の入港税、金融業者の土蔵や酒屋への税。また、臨時税として守護を通じ全国一般庶民に固定資産税を課しました（段銭・棟別銭）。

こうした、財源の確保は国内だけに止まらず、海外との貿易による利益の追求を模索し始めます。それが、当時の中国「明」との貿易です。

しかしここには一つの大きな障害がありました。それは明が、海禁政策をとっていたことです。これは一般中国人の海外渡航を禁止。貿易は明王朝による朝貢形式の認可制をとっていました。

この国家管理貿易は、明が発行した許可状（勘合符）を持った船だけに貿易が許され、これは海賊対策を兼ねていました（勘合貿易）。

このように明との貿易にはこの朝貢というハードルをクリアする必要がありました。そこで義満が出した結論が、朝貢という形で、明の冊封体制下に入り貿易を認可してもらうという選択です。

一三九二年（明徳三）、南北朝が合一されるや、その二年後、義満は将軍職を退任。早速、明との交渉に入ります。そうした義満のもとに明皇帝から「日本国王源道義」と、義満宛の書が届きます。義満はその明皇帝への返書に「日本国王臣源」と自ら署名。王とは皇帝の臣下を意味し、義満は自らを明皇帝の家臣と自称したことになります。

こうして、義満は明側の倭寇（海賊）取り締まりの要求を受け入れることを条件に、明の冊封体制下に入り、日明貿易を開始しました。

こうして義満はプライドを捨て、幕府の財政安定のため、貿易から得る巨大な利益を取る道を選択。結果、莫大な富を得た彼は天皇と同等の権威を誇り、「日本国王」としての振る舞いを見せるようになります。この義満の外交姿勢は聖徳太子以来の対外政策の一八〇度転換とも言えます。

しかし、義満の死後、四代将軍義持は父親の外交姿勢を嫌い、対明貿易を廃止しました。

豆知識 十字軍後のイスラム圏はどうなったの?

十字軍運動の発端は、イスラム帝国（セルジューク朝）の西アジアへの進出でした。

ところがその後、イスラム帝国は十字軍とモンゴル軍、両者の侵攻にさらされることになります。結果的にイスラム帝国はモンゴル帝国の分国イル・ハンの支配下に入り一一九四年、消滅します。

そんなモンゴル帝国も、宗家の元が漢民族の明によりモンゴル高原に追われ（一三六八年）、各地の分国も内部抗争と分裂により衰退。こうして、帝国の解体が内部から進行していきました。

そうした中、モンゴル帝国の分国の一つでイスラム化が進んだ中央アジアのチャガタイ・ハン国で、モンゴル系部族出身のティムールが一三七〇年自立。チャガタイ・ハン国をはじめ、周辺の旧モンゴル帝国のハンを次々に併合。中央アジアから西アジアに及ぶ「ティムール帝国」を建設します。

皇帝ティムールは、滅亡した宗家「元」の再興を目指し、明への遠征を計画します。ところが彼の突然の死により計画は中断（一四〇五年）。その後、ティムール帝国は分裂し、衰退していきました。

これに代わり新たに歴史の舞台に登場するのが、一三世紀末アジア西北部に誕生したオスマン・トルコです。

このイスラム教国はティムール帝国の後を受け、その版図（はんと）を拡大。一四五三年、メフメト二世の時、ビザンツ帝国（東ローマ帝国）の首都コンスタンチノープルを占領します（同市を、イスタンブールと改称）。これをもって、約一〇〇〇年間も続いてきたビザンツ帝国は滅亡しました。

その後、旧ビザンツ帝国領を支配下に治めたオスマン・トルコは、アラビア半島・エジプトを席巻する大帝国を作り上げました。

この「オスマン・トルコ帝国」は、一九二二年まで存続することとなります。

豆知識　日本語に生きるアラビア語を語源とする言葉とは？

アラビア語と言っても、日本人にとり馴染みが薄い気がします。しかし、意外や意外、私たちの身のまわりにはアラビア語を語源とする言葉が結構あります。しかし、その多くがアラビア語圏から英語圏（少数ですがポルトガル語・スペイン語）と、ワンステップ置いて日本へと流入してきたため、英語だと思われていた言葉がほとんどです。

コーヒー・シロップ・シャーベット・シュガー・キャンディ・パジャマ・ソファー・マットレス・コルク・ゼロ・アルカリ・アルコール・ソーダ・ガーゼ・ギブス・モンスーン・ミイラ・ラケット・ライス・レモン・ライム・コットン・アドミラル（海軍提督）・キャラバン（隊商）・マガジン（倉庫、後に雑誌）・キャメル（ラクダ）・サファリ（旅行）・タリフ（関税・tariff）等々。

ではなぜアラビア語を語源とする言葉が、わざわざ英語圏を通して日本に流入したのでしょうか。結論から言えば、歴史的にアラビア語圏と日本とは直接的なつながりがなかったということです。

日本で奈良時代～平安時代の頃、イスラム帝国はユーラシア大陸から北アフリカほぼ全域に及ぶ商業圏を確立し、多くの物・情報・文化の交流が盛んに行われていました。同時に、イスラム教徒は「すべてはアラーがつくり賜うた」という考えの下、征服地の文化を尊重。それらを積極的に取り入れることにより、当時の「世界最高レベルの国際的な文明」を築き上げることに成功しました。

一一世紀以降、西欧世界はこの世界最高レベルのイスラム文化を十字軍遠征を通じ、貪欲に自己世界に吸収しました。その痕跡が、英語の中に数多く残されたアラビア語を語源とする言葉です。こうした語源をたどることで、私たちは今、当時のイスラム文化がヨーロッパ文化の土台を形作った流れを知ることができます。

豆知識 トランプの図柄が象徴しているものとは？

トランプには様々な「秘密」が隠されています。まず、数字で見ると、ジョーカーを除く五二枚という数字は、一年五二週を表し、また同じマークの札一三枚一組で、一つの季節を。♣は春、◆が夏、♥が秋、♠は冬といった具合に。カードの色の赤と黒は、赤は昼、黒は夜を表しています。

特に注目したいのは四種のマーク。これは中世ヨーロッパの身分制度をシンボル化しているとも言われます。

♠は剣を表し、貴族・騎士。
♥は聖杯を表し、僧侶・聖職者。
♣は棍棒を表し、農民。　※「club」＝「棍棒」
◆は貨幣を表し、商人。

こうした身分制度を越えて何にでも変身できるのがジョーカーで、大道芸人を表しています。

トランプの祖先は中国唐の時代（七～八世紀頃）すでに存在したと言われ、やがてイスラム圏へ。一四世紀にはヨーロッパに伝播。一三二〇年頃、トランプのマークの原型が発明されたようです。

マークは国によって若干の違いが。現在見られるシンプルなシルエットになったのは、一五世紀後半のフランスにおいてです。そして、ハート・クラブ・ダイヤ・スペードという呼び名が定着したのは一六世紀のイギリスだそうです。

日本へは一六世紀末ポルトガル人が伝えました。天正カルタ・めくりカルタ・うんすんカルタ、そして日本独自の花札へと変化を遂げます。

カルタはポルトガル語。現在のトランプの輸入は、米国・英国からで一八八五年（明治一八）以降。

トランプのカードの英名はPlaying Cards（プレーイングカード）。トランプ本来の意味は「切り札」です。明治期、外国人が遊んでいる様子を見た日本人がこのカードそのものをトランプと誤訳。それが、今日に至っているとのことです。

第三章　大航海時代と日本

	戦国時代～江戸時代（前半）の主な出来事	
	日本の出来事	世界の出来事
戦国時代	1543年　鉄砲の伝来	
	1549年　キリスト教の伝来	
	1560年　桶狭間の戦い	1558年　エリザベス一世即位
	1568年　織田信長の入京	1568年　オランダ独立戦争が勃発
安土桃山時代	1573年　織田信長が室町幕府滅ぼす	1571年　レパントの海戦
	1573年　長篠の戦い	
	1582年　本能寺の変 → 山崎の戦い	1580年　スペインがポルトガルを併合
	1585年　豊臣秀吉が関白となる	1581年　オランダが独立を宣言
	1590年　豊臣秀吉が天下を統一	1588年　アルマダの海戦
	1592年　豊臣秀吉が朝鮮出兵	
	1596年　サン・フィリップ号事件	
	1598年　豊臣秀吉死去	1598年　スペインのフィリップ二世死去
	1600年　オランダ船リーフデ号漂着 関ヶ原の戦い	1600年　イギリスが東インド会社設立
江戸時代	1603年　徳川家康が征夷大将軍に 江戸幕府開幕	1603年　エリザベス一世死去 1607年　英国が北米大陸に植民地建設
	1615年　最初の武家諸法度	1618年　ドイツで三十年戦争勃発
		1619年　オランダが対日貿易独占
		1620年　清教徒がメイフラワー号で渡米
	1635年　日本人の海外渡航禁止	
	1637年　島原の乱（島原・天草の一揆）	
	1639年　ポルトガル人の来航禁止	
		1649年　清教徒（ピューリタン）革命
		1651年　イギリスで航海法制定
		1652年　第一次英蘭戦争勃発
	1680年　徳川綱吉，五代将軍に就任	
		1688年　名誉革命
	1716年　徳川吉宗，八代将軍に就任 → 享保の改革	1732年　英国の北米大陸植民地13州に
	1772年　田沼意次の改革	1776年　アメリカ独立戦争勃発 アメリカ独立宣言
	1787年　松平定信，寛政の改革	1789年　フランス革命・人権宣言
		1804年　ナポレオンがフランス皇帝に
		1812年　ナポレオン，ロシア遠征

10　西洋人の来航と南蛮貿易（戦国時代・安土桃山時代）

Q　鉄砲の伝来が日本社会に及ぼした影響とは？

室町時代後半、約一〇〇年間を「戦国時代」と呼びます。この大混乱の時代の終焉に向け駒を大きく前進させた人物が織田信長であり、その事業を完成させたのが豊臣秀吉です。こうした、織田・豊臣の活躍の時代を「安土桃山時代」と言います。

この頃、世界史上では西洋人が積極的に海外へ進出した時期で大航海時代と呼ばれます。この西洋人の海外進出により、世界各地の文明が「地球規模で一体化」することとなります。

こうした中、戦国時代末期の一五四三年（天文一二）、一隻の中国船が種子島に漂着。この船に乗っていたポルトガル人が日本に伝えたのが鉄砲です。これにより極東の島国日本は西洋社会との接触を初めて持ち、歴史が大きく転換する契機となります。

同時に日本はこのような西洋との交流を通し、世界史の中に組み込まれていくことになります。

鉄砲の影響は、戦法の変化（鉄砲足軽による集団戦法）、城郭の変化（山城から平城へ。石垣造り・城壁はより強固に）、武具の変化（当世具足・南蛮具足の開発）等に具体的な形となり表れます。

こうした鉄砲伝来の影響の中で特に重要な点は、戦いの勝敗が早期に決着するようになったことです。これにより全国統一が早まり、戦国時代が終焉に向け大きく動き出すことになります。

これを数字で見ると一目瞭然です。戦国時代のきっかけとなった応仁の乱（一四六七年）から鉄砲伝来（一五四三年）までがおよそ七六年間、そこから豊臣秀吉の全国統一までが四七年間です。

仮に、一五八二年の本能寺(ほんのうじ)の変(へん)がなかったら、全国統一はもっと早まった可能性はあります。

ともかくこうした合戦における鉄砲の有効性が明確になると、各地の戦国大名は鉄砲の確保・装備が緊急の課題となります。しかし仮にそれに気付いたとしても、いざ実行に移すとなると、誰もができることではありません。なぜならこの課題を満たすには多額の資金調達が必要だからです。

この鉄砲の有効性にいち早く気付き、様々な経済政策を駆使して、巨額な資金調達を可能にした人物こそが、尾張(おわり)の織田信長です。

彼はその経済政策によってかき集めた豊富な資金で兵と大量の鉄砲を確保・装備し、足軽鉄砲隊を組織。さらに集団戦法の練度を高め、幾多の戦場で積極的にこれを活用し勝利を収めました。

信長の経済政策の好例として、支配地である城下町で楽市楽座(らくいちらくざ)を開設したことが挙げられます。

また、信長が町人の町「堺(さかい)」にいち早く目を付けたのも、この町が巨大な「ドル箱」になる可能性を秘めていたからです。当時の堺は日本で最大級の商業都市・国際貿易都市（日明貿易・南蛮貿易）、そして、軍需産業都市（鉄砲の主要生産地）でした。これを要約すれば、信長は、堺の「経済力・鉄砲・火薬」という魅力に目を付けたということです。

当時、火薬の主成分の硝石(しょうせき)や、弾丸の原料の鉛は、ほぼ輸入に頼っていました。仮に、鉄砲本体があっても火薬・鉛がなければ鉄砲は単なる鉄の棒に過ぎません。

堺を手に入れるということは多くの富を得るだけでなく、国内の鉄砲や火薬・弾丸の原料の流通をコントロールできることを意味しました。

驚くことに、日本の鉄砲生産は量産に量産を重ね、その数は伝来からわずか数十年にして、何十万挺規模でした。鉄砲所有数から見ると当時の世界トップクラス＝鉄砲所有大国になっていました。

豆知識　なぜこの時期に西洋人が来日したの？

前述のように、西洋人が積極的に海外進出した時期を世界史上「大航海時代」と呼びます。この時代はイベリア半島から始まります。

元々、この半島にはキリスト教国西ゴード王国が存在。ところが、七一一年、イスラム帝国が侵入・征服し、イスラム教徒の支配下に入ります。

ところが、一一世紀イスラム勢力が弱体化すると、キリスト教徒がイスラム勢力を排除し半島を奪還しようとする国土回復運動（レコンキスタ）が活発化します。こうした動きの中で誕生した国が、ポルトガル王国とスペイン王国です。

ポルトガルは、北アフリカイスラム勢力の駆逐と、領土拡大を求め、アフリカ西岸の探検に乗り出します。これが、喜望峰への到達となり（一四八八年）、東回りでのアジア進出の起爆剤となりました。それが、一四九八年のバスコ・ダ・ガマ一行のインドカルカッタ到達につながります。これを契機に、ポルトガルは東南アジア・中国へと触手を伸ばしていきます。

他方、ポルトガルに一歩出遅れたスペインは、西回りでのアジア進出をねらい、一四九二年、コロンブス一行が大西洋横断に成功します。さらに、マゼラン一行は一五一九～一五二二年にかけ、地球一周の偉業を成し遂げました。

このマゼラン一行ですが、スペインを出港時、船五隻・乗員数二六五名でしたが、帰還時には、何と船は一隻で乗員はわずか一八名でした。また一行を率いたはずのマゼランはフィリピンのセブ島での現地人との戦闘で、戦死しています。

このように多くの人命を失った大航海でしたが、持ち帰ったスパイスによる利益は航海に費やした投資額をはるかに上回ったと言います。

こうして、ポルトガルやスペインのアジア進出の結果が日本来航につながったというわけです。

豆知識　西洋人の海外進出を可能にしたものとは？

では、当時の西洋人のアジア進出の動機・目的は何だったのでしょうか。

まず動機ですが、十字軍の遠征による東洋への関心の高まりです。その発火材的役割を担った書物こそが、マルコ・ポーロの『東方見聞録』です。

次に挙げたいのが、西洋での香辛料の需要増大とイスラム勢力による陸路の遮断です。

この頃、西洋人の肉食に欠かせない胡椒・香辛料の需要が増大しました。ところがイスラム圏のオスマン・トルコにより、東洋への陸路が遮断。物資を入手することが困難となっていました。

さらにもう一つ、カトリックの勢力挽回のために、海外布教の必要性が増したということです。

では、西洋人の海外進出の目的は何だったのか。答えは、植民地の獲得・貿易・布教活動の三つにあったことはほぼ間違いありません。

このように、東洋に進出しようにもイスラム勢力による陸路の遮断は致命的でした。結果、西洋人が直接、東洋へ行くために求めた道が海路でした。しかし、当時の西洋人にとって、この選択は未知なる世界への大いなる挑戦でした。

これを可能にしたのがルネサンスによる科学と技術の発展です。コペルニクスの地動説やトスカネリの地球球体説、羅針盤（らしんばん）の登場がこれにあたります。特に羅針盤の発明は航海術の進歩に革命的な影響をもたらしました。

羅針盤とは磁石によって方位を知る機器です。航海上で海上での自船の位置を知ることは必要不可欠な条件です。沿岸航海なら昔ながらの天体観測で十分ですが、遠洋航海では天候に左右される天体観測だけでは不可能です。この不可能を可能にしたのが羅針盤の出現でした。

さらに天体観測器の発達、丈夫な快速帆船の建造、火砲による武装も海外進出を可能にしました。

豆知識

大航海時代の名残りで現存する地名とは？

西洋人が積極的に海外進出した大航海時代（一五～一七世紀前半）。その過程で、彼らが発見した土地には、彼らの思惑で地名が付けられました。

まずはインド航路の関係で、アフリカ大陸南端ケープ半島の南五〇㎞にある「喜望峰」。一四八八年、この地に到達したディアスが「嵐の岬」と呼んだものを、後にポルトガル国王がイメージアップのために喜望峰と改名。現在に至っています。

次は一四九二年、コロンブスが到達したことで注目を浴びた「アメリカ」大陸ですが、彼は終生この地をインドの一部と思い込んでいました。

その名残りが、カリブ海の一帯の島々の地名、西インド諸島。その地の住民をインディオと呼び現在に至ることが挙げられます（インディオ＝スペイン語でインド人、英語はインディアン）。

その後、この陸地がアジアでないことを明らかにしたのが、イタリアの地理学者アメリゴ・ベスプッチ。当初この地は新大陸と呼ばれましたが、後に彼の名を取ってアメリカ大陸と命名されます。第一到達者コロンブスの名は現在、コロンビア共和国やアメリカ合衆国の首都ワシントンのあるコロンビア特別区にその名を留めています。

マゼラン一行世界周航の関係では、南米大陸の南端「マゼラン海峡」がそのものズバリの地名として残っています。マゼラン一行はやっとの思いでこの海峡を抜けて大海原に。その時、この海の穏やかさに感動。"Mar Pacifico"（平和な海）と表現しました。これが現在の「太平洋」の語源。

さらに、一行が太平洋を横断したどり着いた島々が現在の「フィリピン」諸島です。この地名は、後のスペイン国王フィリップ二世の名を取り命名されたものです。

ちなみに、英語の「the Pacific Ocean」を日本語の「太平洋」と訳したのは福沢諭吉という説も。

豆知識 「火薬」が西洋にもたらした影響とは？

一五〜一六世紀にかけ、西洋社会に大きな変革をもたらした発明品の一つが火薬です。

火薬が最初に作られたのは中国「宋」の時代。そしてこれが戦場で初登場したのが采石磯（さいせきき）の戦い（一一六一年、宋軍が北方の金（きん）の軍を撃破した戦）。この時、宋軍が使用した火器が、霹靂砲（へきれきほう）という紙製の容器に火薬を詰め投石器で打ち込む兵器です。

この戦いに敗れた金は火器の重要性を学び、震天雷（しんてんらい）という兵器を開発（鉄の容器に火薬を詰めた簡単な大砲）。一三世紀前半、金はこれをモンゴル軍との戦いで使用。モンゴル軍はこの戦いの後、金から火薬の製法を学び、これを戦闘に用いるように。元寇（弘安の役）で博多湾に上陸した元軍が使用した火器＝「てつはう」がこれです。

他方、火薬の製法は一三世紀中頃ヨーロッパにも伝播。同世紀後半イギリスの哲学者ロジャー・ベーコンが西洋で初めて火薬製造に成功します。

一四世紀中頃には、イギリスやドイツで火薬の製造が開始。同時に火薬の爆発力を利用した武器への活用も開発されます。それが大砲です。

初めは石の弾丸を飛ばす初歩的なものでしたが、一五世紀には青銅製の大砲と鉄製の砲弾を開発。さらに大砲を上下させる砲耳（ほうじ）や移動を可能にする車輪も取り付けられるように。英仏百年戦争ではこれが実戦に用いられ、大砲は戦争の主役へ。

この大砲を小型化したものが鉄砲です。一五世紀中頃、ドイツでマスケット銃（火縄銃）を発明。鉄砲は、モンゴル軍からロシアに伝わった火器と西欧の洋弓の発射装置とのコラボで誕生した実用的兵器です。その後、鉄砲は実戦で威力を発揮。

結果、西欧諸国は火薬を利用した大砲・鉄砲を有効的に使用することで、アフリカ・アジア・アメリカ大陸への進出（侵略）をより可能なものとしていくことになります。

豆知識　キリスト教宣教師に与えられた極秘ミッションとは？

日本におけるキリスト教の布教は、一五四九年（天文一八）、イエズス会宣教師のフランシスコ・ザビエルの鹿児島上陸に始まります。

ザビエルが日本を去った後も、キリスト教布教と南蛮貿易が一体化していたこともあり、九州を中心に戦国大名たちは、貿易で利益を得るためにキリスト教保護に積極的に乗り出します。

こうした戦国大名の中には大友宗麟（おおともそうりん）や有馬晴信（ありまはるのぶ）のように、自ら洗礼を受ける者も出始めました（キリシタン大名）。来日した宣教師たちが布教の傍ら民衆への慈善事業に努めたこともあり、キリスト教はしだいに拡大していきました。

こうしてキリスト教の信者数は、ザビエル来日から三三年後の一五八二年（天正一〇）、九州では約一二万五〇〇〇人。畿内では二万五〇〇〇人を数えるまでになったと言われます。

ここで抑えておきたい重要な点は、ポルトガルやスペインの海外進出の目的です。それは、東洋の物資の入手と共に、カトリックの勢力拡大のための海外布教にありました。

その手段として、対象地域の軍事力の強弱にもよりますが、圧倒的武力（大砲・鉄砲）を使用したことです。これらにより植民地を拡大。「神の名」において自己の行動を正当化しました。

そのため彼らの海外進出は貿易と布教が表裏一体化しており、ローマ教皇庁の全面的な支援の下で行われました。

その意味で宣教師の役割は布教だけに留まりませんでした。時には貿易コンサルタントや情報収集・宣伝活動家といった役割を兼ね備えていたことは、当時の彼らの書簡を見れば一目瞭然です。

その点で、織田信長の段階では、彼らの僧衣の下に隠された鎧（よろい）に気付くことなく、次の豊臣秀吉の時代に持ち越されることとなります。

豆知識 ザビエル来日の背景に「活版印刷術」の発明が？

フランシスコ・ザビエルと言えば、一五四九年、日本に初めてキリスト教を伝えた人物です。

彼はスペイン・バスク地方のナバラ王国の貴族出身。パリ大学で同じスペイン出身のイグナティウス＝ロヨラと出会い、イエズス会を創設。時あたかも、西欧は宗教改革の嵐の中でした。

宗教改革とは、一六世紀に西欧で起きたキリスト教内部の改革運動。背景には、十字軍敗退後のローマ教会の衰退と聖職者の腐敗・堕落、ペストの大流行や戦争・紛争などへの社会不安が……。

この運動の直接原因となったのが、教会が発行した免罪符（めんざいふ）です（免罪符＝教会が発行する、金を払えば犯した罪が軽減されるというお札）。

この教会ビジネスに異議を唱えた人物がドイツの大学で神学の教鞭をとるマルチン・ルター。彼は「人は信仰によってのみ救われ、聖書のみが神の国を示す」と主張。『九五か条の意見書』を公表し教会を批判しました（一五一七年）。

ルターは、これまで限られた人間しか読めなかったラテン語の『新約聖書』をドイツ語訳し発表。彼の主張は、印刷物としてドイツ各地に広まっていきました。この時に歴史的役割を果たしたのが、当時すでに実用化されていた活版印刷術でした。

これにより、これまで教会を通してしか知り得なかった「神の言葉」を、直接一般民衆も目にすることができるようになりました。ルターの主張は多くのドイツの民衆・諸侯に支持され、ルターたちはカトリック教会から独立。「プロテスタント」（反抗者・抗議者）と呼ばれるようになります。

こうした改革推進勢力に対し、ローマ教皇の権威を守り、カトリック側の劣勢を布教活動で挽回する目的で組織された教団がザビエルらのイエズス会でした。そして彼が新たな布教の場として求め、やってきたのが日本だったというわけです。

豆知識　大航海時代、ローマ教皇庁は世界分割の許可を与えていた？

世界史で言うところの「大航海時代」（日本は戦国時代）の地球は、世界地図の上で縦に引かれた二本の線で大きく二つに分割されていました。

この時期、西欧では東洋への関心が一挙に高まり、直接東洋と交易を行うための新航路開拓が盛んになります。このキリスト教布教を兼ねた事業に特に熱心だったのがポルトガルとスペインです。

こうした動きはローマ教皇庁にとって願ってもないチャンスで全面的にバックアップします。教皇庁はこの両国に、航海途上到達したすべての陸地を永久に領土とする許可を与えました。

ところがこの両国の新航路開拓と海外領土獲得競争がヒートアップしてくると、各地でトラブルが発生。そこで両国はローマ教皇に仲介を依頼。

それを受けて教皇庁は一四九四年、大西洋上に南北一本の線を引き（西経四六度三七分）、この線を境に東側で発見されたすべての土地はポルトガル、西側はスペイン領とするお墨付きを与えました（トルデシリャス条約）。さらに一五二九年、東半球でも同様の領土分割線が教皇庁の名の下で引かれます（サラゴサ条約・東経一三三度は日本列島の真上）。こうした教皇庁公認の条約が以後、ポルトガル・スペインの行動規範となっていきます。

この両国の海外進出と布教との関係を見た時、ある共通点が見られます。それは相手が、武力を持ち、文化的に発展した国である場合、布教と貿易を表裏一体で進め、布教を拡大し人心を掌握。内乱を誘発させ、弱体化したところを侵略。逆に武力で有利な場合、まず武力侵略し、キリスト教に改宗させ、自国に服従を強いる方法です。

いずれにせよ、両国にとり海外進出とキリスト教布教は切っても切り離せない関係でした。

こうして一五四三年、彼ら「南蛮人」が最後にたどり着いた島こそが、黄金の国ジパングでした。

豆知識

秀吉の伴天連追放令の背景にあったものとは？

織田信長は南蛮貿易とキリスト教の布教活動を積極的に推進・保護しました。その目的は貿易による鉄砲と火薬と弾丸の原料の輸入及び利益の獲得、一向宗への対抗勢力としてのキリスト教の利用にあったと思われます。こうした信長の天下統一事業に向けた外交政策はポルトガル・スペインとの利害と完全に一致したものでした。

秀吉も信長同様、九州平定後（一五八七年〈天正一五〉）イエズス会にキリスト教布教許可を発給します。ところが、間もなく秀吉は伴天連追放令を発令し、キリスト教の布教を制限します。

その前年、秀吉は宣教師コエリョと会見。その折、コエリョの発言が秀吉にキリスト教布教への不信感を抱かせるには十分すぎる内容だったことが、同席した宣教師オルガンチノの書簡に残されています。

このコエリョへの秀吉の不信感は、九州征伐の折、現実のものとして表面化します。例を挙げると長崎がイエズス会により教会領化。キリシタン大名による領民に対すキリスト教強制と神社・仏閣の破壊。南蛮人商人が多くの日本人を奴隷として海外に売り飛ばしていた等々です。

こうした現実に秀吉が、キリスト教布教と南蛮貿易の背後にあるものに深く疑念を抱いたのも当然です。その流れが一五八七年（天正一五）六月、九州平定直後、突然の伴天連追放令の発令へとつながっていきます。秀吉はこの追放令発令直後、長崎をイエズス会から取り上げ直轄領とし、京都の南蛮寺を破却。さらに一五九八年（慶長二）、宣教師を含むキリシタン二六名を長崎で処刑。

しかし、それ以上の強硬策には出ませんでした。ここが秀吉の対キリスト教対策の限界とも言えます。貿易の利益を優先すれば、キリスト教対策は不徹底なものにならざるを得えないのです。

豆知識　オランダ船リーフデ号漂着が日本にもたらした影響とは？

一六〇〇年（慶長五）三月、オランダ船リーフデ号が豊後（ぶんご）国の臼杵（うすき）湾に漂着しました。

大航海時代、世界を席巻していたのはスペイン・ポルトガルでした。これに挑戦したのがオランダとイギリスです。両国は宗教上反カトリックで、海洋進出の上でスペイン・ポルトガルとは対抗関係という点で利害が一致していました。

その関係で、スペイン支配下のオランダが独立戦争を始めた時、イギリスはオランダを支援しました（一五六八～一六四八年・八十年戦争）。

これが元でイギリスはスペインと敵対関係となり、一五八八年、アルマダの海戦（スペイン無敵艦隊vs.イギリス海軍）で激突。イギリスが大勝を収め、海洋進出の大きなチャンスを掴みました。当時のイギリス女王がエリザベス一世です。

こうしたオランダ国籍のリーフデ号漂着に強い関心を示したのが、関ヶ原の合戦を半年後に控えた徳川家康（とくがわいえやす）です。特に家康が注目したのが、船に搭載していた大砲・鉄砲・火薬の兵器類です。

この時、オランダ船漂着情報を耳にしたスペイン・イエズス会の宣教師たちは「リーフデ号は海賊船。乗員を死刑に」と家康に直訴したと言われます。しかし、家康は船を豊後から浦和へとえい航し、乗組員への尋問を行いました。

そこで家康が通訳を介し耳にしたのはヨーロッパの政治情勢でした。尋問を受けた人物の中で、オランダ人のヤン・ヨーステン、イギリス人のウイリアム・アダムズは有名です。彼らは来日目的を家康に尋ねられ、「交易」と答え、キリスト教布教の意志のないことを伝えたと考えられます。

ここで重要な点は交易・布教がセットのスペイン・ポルトガルとは異なるタイプの国がヨーロッパに存在すること。そして、キリスト教は一枚岩ではないという点を家康が知ったことでした。

豆知識 日本語化したポルトガル語とは？

私たち日本人は、一五三八年（天文一二）、種子島に漂着した中国船に乗っていたポルトガル人の来日から、一六三九年（寛永一六）、ポルトガル人の来航禁止までの約一〇〇年間、ポルトガル人から様々な西洋文化を伝授されました。

こうした文化や品々を通して、ポルトガル語が日本語化していきました。その結果、現在でもこうした言葉が日本語として生きていることに、大変興味深いものを感じさせられます。

中には、現在使われなくなったレトロ感を感じさせる懐かしい言葉もあります。シャボン（石鹸）・羅紗（厚地の毛織物）・ビードロ・ギヤマン（ガラス製品）などはその好例です。

カンテラ（照明器具）・メリヤス（伸縮する布）・合羽（外套・雨具）・チャルメラ（楽器）なども、高齢層に近付くほど、理解が可能かと思います。

現在も普通に使われるポルトガル語を語源とする日本語の代表例をいくつか紹介します。

ブランコ、ボタン、コップ、オルガン、カルタ、ジョーロ、タバコ、フラスコ、ビロード、バレー、ソファー、ミイラ、おんぶ、キャプテン、カーニバル、コント、マスカラ、ピンからキリまで（ピン＝小さな点、キリ＝十字架→漢数字の十）、ビスケット、キャラメル、テンプラ、カボチャ、パン、コンペイトウ、カステラ、ケーキ、コロッケ、ボーロ、タルト、シロップ等々。

これらの言葉は、南蛮貿易の商人や宣教師を通して伝えられ日本語化したものです。

これとは逆に、日本語がポルトガル語化したものも。坊主→bonzo（ボンズ）、屏風→biombo（ビョンボ）、刀→catana（カタナ）がその例です。

改めてこうした言葉を通し、戦国時代から安土桃山時代にかけての日本人と西洋人の国際交流の足跡を感じさせられます。

11　江戸幕府の外交政策（江戸時代1）

Q　なぜ江戸幕府は、海外との貿易を極限にまで制限したのか？

　一六〇三年（慶長八）、徳川家康の江戸開幕から、一八六七年（慶応三）、一五代将軍徳川慶喜の大政奉還まで、江戸が政治の中心であった二六五年間を「江戸時代」と言います。

　この江戸時代のうち、一六四二～一八五四年の二一二年間は、海外との外交・交易が幕府により厳しく制限されていました。その結果、政治・経済・文化・思想の各面で、日本独自の特色ある時代が形成されました。

　一六〇三年（慶長八）、江戸に幕府を開いた徳川家康にとっての最大の外交課題は、「秀吉の朝鮮出兵の戦後処理をどうするか」また、「新たに加わった西欧諸国＝オランダ・イギリスとどう付き合っていくのか」この二点にありました。

　前者について、家康はいち早く朝鮮・中国との国交回復に尽力しました。また、後者については、変化に対応してこの両国との交易に道を開くという方法を選択しました。

　家康の外交政策の基本は海外貿易の積極的拡大で、その結果、南蛮貿易や東南アジアとの交易（朱印船貿易）が盛んに行われました。

　さらに、家康がメキシコとの交易の可能性を探った点は大いに評価できます。しかし、その家康も、キリスト教対策については苦慮しました。

　徳川政権は当初は貿易の利益優先からキリシタンに対し、比較的寛大な態度で臨んでいました。ところが段階的に禁制の方向へ向いていきます。その背景には国内キリシタンの増加もさることながら、オランダ人ヤン・ヨーステンや、イギリス人ウイリアム・アダムズが家康の外交顧問となったことも影響していると考えられます。

若かりし頃の家康は、三河一向一揆で、宗教と政治が結び付くことの恐怖をいやというほど体験しています。

そんな家康が外交顧問ヨーステンやアダムズを通じ、カトリック国（スペイン・ポルトガル）の宗教と貿易を結び付けた植民地政策の情報を仕入れた可能性は十分考えられます。

こうした点を考慮すれば、家康が、幕府直轄領に禁教令（一六一二年〈慶長一七〉）を出し、翌年、この法令を全国に拡大したのも理解できるというものです（この法令は明治六年まで継承）。

二代将軍秀忠もこの方針を受け継ぎ、中国船を除く外国船の入港を長崎の平戸に限定しました。

三代将軍家光は、さらに海外との貿易を極限にまで制限。その主な理由は、幕府がキリスト教布教がカトリック国の植民地政策と結び付く危険性を警戒したことにあると言えます。背景には、急速な信者の拡大や島原の乱（一六三七〜一六三八年）があったと考えられます。

また、大量の金・銀・銅の海外流出防止のためや、西国大名が貿易で経済力や武力（大砲等の火器）を付けることへの警戒心も考えられます。

また、日本船の海外渡航禁止については、絶縁状態にあったスペイン船との洋上でのトラブル回避ということも考えられます。

江戸幕府のこうした西洋諸国との外交・交易面での過剰なまでの反応は、こうした諸事情を考慮したことに原因があったのではないでしょうか。

また、地球的規模で見た時、日本をめぐるスペイン・ポルトガル×オランダ・イギリスの対立は、ヨーロッパでの宗教戦争（カトリック×プロテスタント）の延長上にあったことも、私たちは知っておく必要がありそうです。

豆知識　大坂冬の陣で豊臣方から和睦を引き出した決め手とは？

前節で紹介したリーフデ号漂着事件（一六〇〇年〈慶長五〉）ですが、その船に乗船していた二人の西洋人の活躍を紹介します。

一人はオランダ人ヤン・ヨーステン、他の一人はイギリス人ウイリアム・アダムズです。

漂着から半年後の旧暦の九月一五日、天下分け目の戦い（関ヶ原の戦い）が行われました。この時、ヤン・ヨーステンらは家康の要請でリーフデ号の搭載砲をはずし、戦場に持ち込み参戦したとのこと。その功績で彼らはその後、江戸に屋敷を与えられ、家康の外交顧問に抜擢されました。

ヤン・ヨーステンの日本名は耶楊子（やようす）。彼の屋敷所在地は現在の東京駅八重洲（やえす）口付近でした。日本名「や・ようす」が八重洲の語源に。

ウイリアム・アダムズも三浦按針（みうらあんじん）という日本名で、外交顧問・旗本とし活躍。屋敷は江戸日本橋。現在「按針通り」という通り名が残されています。

両名は日本とオランダ・イギリスとの国交の橋渡し役を務め、幕府の外交方針に影響を及ぼす大きな歴史的役割を果たしました。

一六一四年（慶長一九）一二月、大坂冬の陣で豊臣方の和睦を引き出したのが徳川方の大砲と言われます。これら大砲の大部分は国産でしたが、中にはイギリスから買い入れたカルバリン砲四門も含まれています（この砲はアルマダの海戦でも活躍）。大坂方にも大砲はありましたが、旧式で飛距離の短いスペイン製だったと言われます。

アルマダの海戦は一五八八年、スペイン無敵艦隊とイギリス海軍が激突した海戦。両者の艦船の違いはスペイン側が巨大艦船に対し、イギリス側はにわか集めの小型船。しかし、小回りとスピードに勝る船と、威力は小さいが射程距離の長い大砲を搭載したイギリス側が勝利を手にしました。その大砲こそがカルバリン砲でした。

豆知識

大坂の陣は欧州宗教戦争の延長という側面があった？

大航海時代に世界を席巻していた二大勢力は、スペインとポルトガルでした。これに挑戦したのが弱小国イギリスと新興国オランダです（両国は反スペイン・ポルトガルで、利害は一致）。

前者の旧教国が日本に求めたものが「布教活動＋貿易」に対し、後者の新教国が日本に求めたものが貿易（経済的利益）のみという構図も浮上します。

さて、「大坂の陣」ですが、徳川家康が豊臣氏を滅亡させた戦いで、一六一四年（慶長一九）の冬の陣と翌年の夏の陣に分かれます。

当時、豊臣方大坂城には関ヶ原の戦いで取り潰された大名家とその家臣などの放浪中の牢人、「禁教令」で居場所がなくなったキリシタンと宣教師など一〇万もの人々が籠城しました。

特に後者は、「徳川家よりも豊臣家の方がキリシタンに対し比較的融和的だったから」ではないかと、その理由を指摘する研究者もいます。

いずれにせよ前者はリベンジ、後者は禁教緩和の可能性をかけ豊臣方に付いたと考えられます。

では西欧諸国はこの戦いにどう対応したかです。キリシタンやイエズス会の背後にはカトリック国（旧教国）のスペイン・ポルトガルが存在します。豊臣方が、幕府統制下で大量の火薬や火器を海外から入手できた理由がこれで納得できます。

幕府側はどうか。幕府の外交顧問として新教国イギリス・オランダの人物を雇い、これらの国々から火薬・火器を買い入れました。

この時期のヨーロッパでは一六世紀初頭に始まった宗教改革が引き金となり、同世紀後半から、血みどろの「宗教戦争」が継続していました。

その意味で「大坂の陣」は、ヨーロッパでの旧教国と新教国の、アジア地域での植民地争奪戦が絡んだ代理戦争の延長、または「宗教戦争」という側面があったとも言えます。

「島原の乱」は日本最後の宗教戦争だった？

島原の乱（島原・天草一揆）は一六三七年（寛永一四）から翌年にかけて、九州の島原・天草地方のキリシタン信徒が中心となり起こした一揆です。

元々この地方はキリシタン大名（有馬・小西）の領地でキリシタン信徒が多かったことに加え、関ヶ原の戦いで小西氏が敗れ多数の牢人が発生。

牢人の多くは武器を隠し帰農、信仰も捨てませんでした。やがて、天草の領主は小西氏から寺沢氏、島原は有馬氏から松倉氏へと代わりました。

新領主である両氏は、領民に対して過酷な圧政を敷きました（禁教と重税）。これに対し、領民の不満が爆発。牢人の指導のもと、三万八〇〇〇人もの農民が、島原の原城に拠り挙兵しました。

一揆軍はスペイン・ポルトガルの支援を期待するも、両国ともに国力に余力はありませんでした。※スペインはフランスとの戦争（一六三五～一六五九年）、ポルトガルはスペインからの独立運動。

やがて、原城沖に外国軍艦が出現します。一揆軍は「援軍来る！」と歓喜するも束の間、その軍艦は一揆軍に海上から砲撃を加えます。なんとこの軍艦は幕府から要請を受けたオランダ船でした。

これにより一揆軍は戦意喪失し、やがて原城は陥落します。この点からも、島原の乱は日本史上最大の一揆であると共に、旧教（カトリック教徒）×幕府加勢新教（プロテスタント）の宗教戦争という側面があったと言えなくもありません。

これまでの教育現場では、ザビエルに始まるキリスト教（カトリック）の布教活動を慈善事業的解釈で語り、逆に、為政者による禁教令や信者への「弾圧」は現代的感覚での「信仰の自由」への迫害と捉える傾向があったのではないでしょうか。

ただ当時の世界を俯瞰すると、その布教活動には交易のみならず「その先の日本の支配も視野にあった」可能性も考える必要があります。

豆知識 幕府は「鎖国」という言葉を一度も使ったことはない？

江戸幕府の対外政策と言えば、「鎖国」という言葉がすぐに浮かびます。鎖国は日本を外国から閉ざし、結果、世界の情報が入らず、「近代科学に大きな遅れをとり」「世界から孤立した」という否定的なイメージでこれまでは語られてきました。

しかし実際、情報という点に関して言えば、幕府は西洋で唯一交易関係があったオランダから、定期的に西洋諸国の様子を報告させる『オランダ風説書』を義務付けていました。これにより、幕閣の一部ではありますが、西洋情勢をかなり詳細に掴んでいたと考えられます。

近代科学に関して遅れをとったのは事実です。しかし民衆レベルでの日本の教育水準は識字率から見て、西洋諸国をはるかに凌いでいました。

また、数学の分野に関して言えば、和算と呼ばれる日本独自の数学が発展しており、そのレベルは世界最高水準に達していました。これは、西洋の美術家が「ジャポニスム」と驚嘆させる絵画（浮世絵）をはじめとした芸術分野でも言えます。

近年、こうした各方面の研究進展につれ、江戸時代の否定的イメージも大きく変わりつつあります。いずれにせよ大切な点は、なぜ幕府が西洋諸国にこうした強硬策を取らざるを得なかったかです。

実はこの「鎖国」という言葉は後世の人の創作です。一八〇一年（享和一）、志筑忠雄（長崎の通詞・蘭学者）という人物が、ドイツ人医学者ケンペルの『日本誌』の一章を翻訳して、「鎖国論」と題したことに始まると言われます。

幕府は一度も鎖国令という名の法令を出したことはありません。一八四九年（嘉永二）、幕府編纂の『徳川実紀』には幕府の対外政策を「海禁」と表現。また、同じく幕府編纂資料『通航一覧』にも鎖国の文字は一字もありません。

これは、言葉が一人歩きした典型とも言えます。

豆知識

日本語になったオランダ語

江戸時代に日本人は西洋諸国の中で唯一国交のあったオランダ（蘭国）を通し、西洋の知識・科学・技術と接してきました。江戸時代中期～幕末にかけ、このオランダ語による、西洋の文化・学術を研究した学問の総称を蘭学と言います。

この糸口となったのが、新井白石が西洋の事情をまとめた『西洋紀聞』です（一七一五年頃成立）。この著書をきっかけに八代将軍徳川吉宗は、キリスト教に関係のない漢訳洋書の輸入を許可。青木昆陽らにオランダ語を学ばせ西洋の実学の知識の取り入れに努めました。これをきっかけに、医学を中心とした自然科学の研究が進展していきます。

十八世紀後半、前野良沢・杉田玄白らが『解体新書』を発刊。これを機に急速に蘭学が発展。平賀源内は日本初の静電気発生装置や寒暖計を制作。伊能忠敬は全国を測量し『大日本沿海輿地全図』を完成。来日したドイツ人シーボルトは長崎郊外に鳴滝塾を開き、高野長英ら多数の門人を育成。こうして医学・暦学・天文学・兵学・数学・動植物学等、自然科学の分野で蘭学は発展しました。

このように蘭学が日本の近代化に果たした役割は大きなものがあります。現在、日本語化したオランダ語に、理系のものが多いのは、主に蘭学が自然科学の分野で発展を見せたことに関係します。

以下は日本語化した、オランダ語を語源とする代表的な言葉です。

アスベスト、アルカリ、アルコール、エキス、エーテル、エレキテル、ガス、カンフル、キニーネ、コルク、コンパス、スポイト、ビーカー、ヒステリー、ピンセット、マラリア、メス、モルヒネ、レンズ、ピストル、オテンバ（お転婆）、カバン、ガラス、コップ、ゴム、ダンス、オルゴール、ビール、ブリキ、マスト、ランドセル、ランプ、コック等々。

豆知識

日本禁教令下最後の潜入宣教師シドッチ

一七〇五年（宝永五）、日本禁教令下最後の潜入宣教師シドッチ（イタリア人イエズス会宣教師）がローマ法王の密命で屋久島に上陸、捕縛されます。長崎で取り調べの後、江戸に護送されました。

その時江戸で彼の尋問にあたったのが六代将軍徳川家宣に重用された儒学者の新井白石です。

白石はシドッチの自然科学に対する知識に対し「天文・地理、何を聞いても知らざるところなし」と驚き感心。しかし、対話がキリスト教の教義になると、「キリスト教は仏教の焼き直し、それも下手な焼き直し」と白石は主張します。

例えばその質問で、シドッチが信仰する神に対して、白石は「天地万物を神が造ったと言うなら、その神は誰が造ったのか」と問います。その問いに戸惑うシドッチに、白石は「世界を造るほどの万能の天主デウスが不信心者を洪水で溺れさすなど矛盾している。そんなに万能なら全員に信じさせればいいではないか」と。さらに、「全知全能のそんなにありがたい神なら、なぜ今頃日本に来たのだ」「なぜ何千年も前に日本に来ていないのだ」と追及。戸惑うシドッチに白石は呆れたと言います。

こうしたシドッチと白石の対話を元にまとめたものが『西洋紀聞』で、この本は当時世界を知る上で高く評価されました。また、思想面で彼が導き出した「西洋では形而下の学（自然科学）では日本よりはるかにすぐれているが、形而上の学においては幼稚」という認識は、和魂洋才思想として幕末から明治の人々に多大な影響を与えました。

シドッチのその後ですが、幕府からキリスト教を布教しない約束で江戸キリシタン屋敷で生活。しかし、その約束を破り世話人の老夫婦に布教（「長助・おはる事件」）。結果、老夫婦共々入牢させられ、その一〇ヵ月後、四六歳で衰弱死しました。日本への密入国から五年後の出来事でした。

12 特別編 動乱のヨーロッパ

Q 一六世紀後半～一七世紀にかけ、スペインを悩ませた問題とは何？

日本でパックス・トクガワーナ（徳川の平和）という時代が二六五年もの間続いていた江戸時代。その間、ヨーロッパでは一六世紀初頭に始まった宗教改革によるキリスト教内部の新旧勢力の激しい対立が引き金となり、同世紀後半から一連の「宗教戦争」が勃発しました。

こうした大混乱の中で、大航海時代の延長からヨーロッパ諸国間では植民地争奪戦を絡めた覇権争いが激化していきました。この『特別編』では、特にこの当時のヨーロッパ内外の動乱の時代に焦点を当て、見ていきたいと思います。

スペインは新大陸を征服するとアジアに進出。フィリピンを植民地化し、中国貿易でさらに巨万の富を築きました。こうした利益を海軍力強化に投入し、「無敵艦隊」（アルマダ）と呼ばれる世界最強の海軍を保持するに至ります。

スペインはこの海軍を使い、イスラム勢力（オスマン帝国）から地中海の制海権争奪戦に勝利（一五七一年・レバント海戦）。さらに一五八〇年、ポルトガルを併合し、「太陽の没することのない」帝国として世界に君臨することになります。

こうしたスペインによる海外進出への動きは、コロンブスの新航路の発見に端を発し、カリブ海域の西インド諸島から始まり、アステカ帝国やインカ帝国滅亡後は大陸内部に移動していきます。

しかし、カリブ海が新大陸への玄関口であることには変わりはなく、諸港を要塞で固めメキシコやペルー産の銀など様々な物資の集積地とし活用しつつ、それらの物資を本国へと送り出しました。

そうした物資満載の船を、イギリス・オランダは海賊を送り込み襲撃。カリブ海は「海賊の海」と化しました。当時のヨーロッパは宗教戦争の風が吹き荒れており、こうした海賊行為を新教国であるイギリス・オランダは、旧教国スペインへの挑戦として正当化しました。

当時のスペインは羊毛生産で栄えていたネーデルランド（オランダ）を植民地としていました。住民の多くは新教徒でしたが、スペイン国王フィリップ二世はカトリックを住民に強制しました。また、新教徒を弾圧し、六年間で約八〇〇〇人を処刑。この間、約一万人が国外に逃亡しました。

さらにスペインが、植民地ネーデルランドに重税を課したことから、一五六八年、独立戦争が勃発します。これを新教国イギリスが支援しました。このようにこの戦争は独立戦争であると同時に、宗教戦争という側面も持ちました。

独立戦争途中、ネーデルランド内でも旧教徒が多い南部一〇州は戦線を離脱（後のベルギー）。残りの北部七州は一五八一年に、ネーデルランド連邦共和国（オランダ）として独立を宣言しました。

スペインはやがて攻撃の矛先をネーデルランドから、海賊行為を繰り返し、かつ独立戦争を支援したイギリスに向けることになります。

そして、その報復として一五八八年、スペインはイギリスへ無敵艦隊を差し向けました。しかし結果は惨敗（アルマダの海戦、次頁の豆知識参照）。やがてこれを機にスペインは、衰退へと向かうことになります。

そして、この世界帝国スペインの国際舞台からの後退が、新興国オランダやイギリスの台頭につながり、西欧の新たな時代の幕開けとなります。

その後の西欧は一七～一九世紀初頭にかけ革命と戦争が連続する時代が続き、これが極東の日本にまで手を延ばせない要因となりました。

豆知識　スペイン無敵艦隊は無敵ではなかった？

一六世紀後半のスペインは、「太陽の没することのない」帝国として世界に君臨していました。そんな折、植民地オランダで独立運動が勃発。

この時、イギリス女王エリザベス一世は議会の後押しで、オランダ独立戦争支援を決定します。これに対し、スペインのフィリップ二世はイギリスへの征服計画を立案します。

一五八八年五月、スペインは世界に誇る、無敵艦隊（アルマダ）一三〇隻・兵員三万による作戦を決行（兵員の約二万は上陸作戦用の兵）。これを迎え撃つイギリス側は艦船一九七隻でした（その多くは寄せ集めの武装商船＝海賊船）。

同年七月、両軍はドーバー海峡で遭遇。無敵艦隊側は従来通り敵艦に船体を寄せ兵士が乗り移り戦う戦術に対し、イギリス側は巧みにスペイン側艦船と距離を保ち砲撃を繰り返す戦術を採用。

結果、大型で小回りがきかないスペイン戦艦は、小回りがききスピードに勝るイギリスの艦艇を捕捉できず、砲撃の被害が増えるだけでした。

また、前節の豆知識（九九頁）でも紹介した両者の艦船に搭載してある大砲の射程距離の違いも、海戦に大きな影響を与えました。そのため、イギリス側はスペイン船の大砲の射程外から砲撃でき、時間経過と共に戦闘はイギリス側に有利に展開。

スペイン艦隊はグラヴリーヌ沖海戦での敗北を機に作戦続行を断念。北海方面へ退避し、イギリスを反時計回りに一周し、アイルランドの北側を抜け帰途へ。しかしその途中、暴風雨に遭遇し、艦船は次々と沈没。本国スペインに帰還したのは約半数の六七隻のみで兵士の死傷者は二万人とも。

このアルマダの海戦は、スペイン没落の予兆となり、一五九八年、フィリップ二世が亡くなった時、スペインの国家財政は破綻状態だったと言われます（同年、豊臣秀吉が六二歳で死去）。

豆知識

スペイン没落後の世界貿易の覇権を掌握した国は？

スペインからの独立をめぐるオランダ独立戦争も、一六〇九年、休戦協定が結ばれ、オランダは事実上独立。ところが一六一八年、ドイツで宗教戦争（三十年戦争）が勃発すると、スペインは旧教徒、オランダは新教徒を支援。再び両国間で戦争が勃発。

一六四八年、三十年戦争講和条約締結で、オランダの独立は国際的に承認。この戦争は約八〇年間続いたことから八十年戦争とも言われます。

独立後のオランダは、進んだ造船技術で海運大国となり、スペイン・ポルトガルに代わりアジア・ヨーロッパ間の海上貿易で大活躍を見せます。

その発展の鍵は、当時オランダ船の商品運搬料が他国の半分だったことにありました。一六〇〇年、日本の豊後(ぶんご)にオランダ船リーフデ号が漂着したのも、この流れの中にありました。

その後のオランダは、対日市場をめぐるスペイン・ポルトガルとの貿易戦争において「貿易と布教を切り離す」方針で臨みました。他方、スペイン・ポルトガルは「貿易と布教を一体化」。

この両者の相違が、一六一九年以降、長崎の出島でのオランダの対日貿易独占につながります。

さらに一六三七年、「島原の乱」（日本の旧教徒の反乱）は、オランダの対日貿易をより決定的なものとしました。この事件で海上からオランダ船が日本の旧教勢力が立て籠もる原城に砲撃を加えたのも、宗教戦争の一環と見れば理解できます。

こうして一六六〇年代はオランダにとりアジア貿易の全盛期となりました。

他方、オランダの同盟国イギリスですが、その後、オランダとの貿易競争が覇権争いに発展し、三度にわたり、オランダに戦争を仕掛けこれに勝利（英蘭戦争）。結果、イギリスがオランダに代わり世界貿易の覇権を握ることになりました。

豆知識　イギリスの議院内閣制誕生の裏にあった秘話とは？

一六〇三年、エリザベス一世は生涯独身のまま死去（同年、日本では徳川家康が江戸開幕）。後継者として遠縁のジェームズ一世が国王を継承。

ところが王は王権神授説を振りかざし議会と対立。かつ議会大半を新教徒（清教徒）が占めていたことから、王は宗教弾圧に。これに耐え兼ねた清教徒たち一〇二名が新天地を求め、メイフラワー号で北米に渡ったのはこの時です（一六二〇年）。

後継者チャールズ一世の時、議会は「（国王は）議会の同意なしで課税しない」「不当逮捕の禁止」（「権利の請願」）を国王に承認させますが、王はスコットランド内乱を機に戦費調達で再び議会と対立し内戦へ。この内戦で清教徒クロムウェルが鉄騎隊を組織し王党派軍を壊滅させ国王を処刑して、共和制を樹立（ピューリタン革命・一六四九年）。

クロムウェルは議会の支持を得るため、外交的に強硬路線を取り（アイルランド征服・第一次英蘭戦争）、国内的には護国卿となり議会を解散、独裁体制を強化します。しかし、彼の死後、議会穏健派がフランス亡命中の王族を呼び戻し王政を復活。

ところが新国王チャールズ二世及び後継者の弟ジェームズ二世は再び議会と対立。そこで議会は国王の廃位を決定し、新王に王女メアリと夫ウィリアム三世（新教徒でオランダ総督）を招き、前王はフランスに亡命（名誉革命・一六八八年）。

新国王は「権利の章典」を発布。主権を議会に置く議会中心の立憲王政の基礎が確立しました。

その後、王朝が断絶すると、ドイツから縁者を新国王に迎え入れます（ジョージ一世）。ところが彼は老齢のため英語が理解できず閣議を欠席します。そこで大臣が国王代理の実務を行うこととなり、「国王は君臨すれど統治せず」の原則が誕生。

内閣は国王にではなく議会に対して責任を負う責任内閣制（議院内閣制）が誕生しました。

豆知識 イギリスが「世界の覇者」になった最大の要因は？

イギリスは一五八八年のアルマダの海戦以降、スペインに代わり大西洋の覇者への道を歩むことになります。しかし、それには強力ライバルのオランダを何としても取り除かなければなりません。

そんなイギリスの転機となったのが、ピューリタン革命後のクロムウェル政権下で制定された航海法です（一六五一年）。この法はイギリスへの輸入は自国船舶か生産国の船舶に限るというもの。

これは明らかに中継ぎ貿易に依存するオランダに打撃を与える目的で制定されたものです。

その翌年、些細な口実から、イギリスはオランダと戦火を交えます。以後、戦争は三度にわたり、結果的にオランダが敗北します（英蘭戦争）。

敗因はオランダが当時軍縮中だったことです。オランダの政治の主導権は大商人層にあり、彼らの利益第一主義の意向が政策に反映。こうした国防より利益追求の姿勢が現実の国際情勢から後れをとり、ライバル国イギリスに敗れました。

以後、オランダは辛うじて独立は保持しましたが衰退の一途をたどります。これに代わって台頭したのがイギリスとフランスです。

イギリスは海の覇権だけでなく、北米大陸の争奪戦にも本格的に乗り出し、一六世紀末、北米東部海岸に最初の植民地を建設（バージニア）。

以降、植民活動を強化し一八世紀には北米東海岸に一三の植民地を建設。その後、フランスやスペインから軍事力で次々に領土を奪い、北米大陸に広大な植民地を持つことになりました。

「海を制する者は世界を制す」の言葉通り、イギリスの強みは世界最強の海軍です。島国イギリスは陸上からの攻撃の恐れはなく、陸軍拡充の代わりに海軍に軍事費をつぎ込むことができました。海外での植民地争奪戦でも物資の補給が要。イギリスが最終勝利者となった要因はここにあります。

豆知識　アメリカン・コーヒー誕生の秘話とは？

イギリス人は紅茶を好み、アメリカ人は紅茶を薄めたようなアメリカン・コーヒーを好むと言われます。実はこの違いには、アメリカ合衆国建国の歴史が深く関わっています。

北米東部一三州が、イギリス本国から独立する最初のきっかけは、一七六五年、本国が植民地に出した印紙条例です（あらゆる印刷物に収入印紙を貼ることを義務付けた法）。これに対し植民地側は「代表なくして課税なし」と反発（条例は撤廃）。

次のきっかけは紅茶でした。当時、イギリス東インド会社は、インドからの紅茶の買い入れ過剰で経営難に。そこでイギリスは苦肉の策として植民地アメリカでの紅茶販売の独占権を東インド会社に与える茶条例を制定（一七七三年）。

これに対し、植民地の人々は一斉に反発。ボストン港に入港した紅茶満載の東インド会社の船三隻を、植民地の急進派が襲撃し積荷の箱を港に投棄する事件を勃発させます（ボストン茶会事件）。

一七七六年、トマス・ペインが『コモンセンス』という本国からの独立を主張するパンフレットを出版。これが植民地の人々の本国への不満と怒りの導火線となり、独立戦争として爆発します。同年、植民地一三州の代表が『独立宣言』を発表。当初、独立軍は苦戦を強いられますが、結果的に一七八三年、アメリカ合衆国として独立を達成。

さて冒頭の話に戻りますが、独立戦争と同時に植民地への紅茶の輸入は困難となります。そこで植民地ではその代替えとして、ブラジルからコーヒーを輸入することになります。

戦場で独立軍兵士たちは、砂糖・ミルクなしの薄いコーヒーを飲み士気を高めたとか。これが、アメリカン・コーヒーの誕生秘話です。これを機に、その後アメリカン・コーヒーがアメリカ社会に定着していったと言われます。

豆知識 アメリカ五〇州の州名の由来は何を語るか？

アメリカ合衆国の歴史を語る時、二つのキーワードがあります。「フロンティア精神」と「西漸運動」です。

アメリカ建国の歴史は、一七七六年、東部一三州の植民地の独立宣言に始まります。一九世紀に入ると西へ西へと領土拡張を推し進め一八四八年、国土は太平洋岸に到達しました（＝西漸運動）。

アメリカ五〇州の州名の語源を探ると、次のような分類ができます。北米先住民インディアンの言語を語源とするもの二五州。英語が語源一四州。スペイン語六州。フランス語二州。オランダ語一州。ポリネシア語一州。アリュート語一州です。

地名の多くは北米大陸に渡来した白人たちが様々な言語から借用し名付けたもので、五〇州のうち二五州が先住民の言語を語源としている点に注目です（一般の地名も同様）。これは、元々この地が先住民の土地であったことの何よりの証です。

ここで重要な点は、開拓者にとっての西部は辺境・未開地。しかし先住民にとっては日常生活の場であった点です。かつて北米には一〇〇万人以上の先住民が生活していたと推定されています。ところが一八九〇年代には二五万人に。その人口は約一〇〇年間で四分の一に激減しました。

西漸運動（西部開拓）を題材にした映画が、かつて人気を博した西部劇です。先住民＝野蛮人として描かれるのが定番でした。先住民から土地を奪い、そこを開拓する精神を「フロンティア精神」と呼んだわけです。先住民への無差別虐殺を行い、残った者は不毛の保留地に閉じ込め飢餓状態に追い込む、これが西部開拓の現実の姿でした。

西漸運動のピークは南北戦争後、一八六五〜一八九〇年。そして先住民の最後の組織的抵抗が、アパッチ族ジェロニモの戦いで、彼らが降伏したのは、一八八六年（明治一九）のことでした。

豆知識　アメリカ合衆国の国歌「星条旗」は恋の歌？

アメリカ合衆国の国旗は「星条旗」です。国旗の星の数は五〇個。これは現在の州の数で、帯の数一三は独立当時の州の数を表しています。

実は、当初は星の数・帯の数共に一三でした。その後、州の数が増えるごとに星・帯の数共に増やしていきました。そして、一八一八年、州の数が二〇州に達した時、星・帯の数共に二〇に。

ところが星はともかく、帯の数が増えすぎて、デザイン上バランスが崩れる問題が発生します。そこで、帯の数は独立当時に戻し、現在の形に至りました（現在の国旗は一九五九年成立）。

参考までにですが、四九番目の星はアラスカ州、五〇番目の星はハワイ州を表します。

また国歌ですが、これにも深い物語があります。一八一二〜一八一四年に第二次独立戦争とも呼ばれる米英戦争が勃発しました。

一八一四年のこと、ボルティモアのマックヘンリー砦が英国海軍の猛攻を受けます。この時、捕虜となったビーンズ博士の釈放交渉のため、弁護士スコット・キーが単身英国艦艇に乗り込みました。二人は砦への砲撃がやむまで軍艦内に抑留。翌日の明け方、二五時間の砲撃による猛攻にもかかわらず、砦には星条旗がたなびいていました。これを目にしたスコット・キーが感激のあまり、一編の詩「マックヘンリー砦の防衛」を創作（次頁）。

この詩が新聞発表で評判を呼び、曲が付けられ陸海軍の軍歌に。一九三一年には『星条旗』という題名で国歌に昇格。ちなみにこの曲のメロディーは英国の恋の歌「天国のアナクレオンへ」です。

また、この戦争によるギリス軍の猛攻で、ワシントンの大統領官邸は焼け焦げてしまいました。そこでこの大統領官邸の応急処置として、白ペンキをぬったのが、現在の「ホワイトハウス」との言い伝えがあります。

資料一　アメリカ国歌

『星条旗』（一番）

おお、見えるだろうか、
夜明けの薄明かりの中
我々は誇り高く声高に叫ぶ
危難の中、城壁の上に
雄々しく翻（ひるがえ）る
太き縞に輝く星々を我々は目にした
砲弾が赤く光を放ち宙で炸裂する中
我等の旗は夜通し翻っていた
ああ、星条旗はまだたなびいているか？
自由の地　勇者の故郷の上に！

引用サイト
　世界の国家・行進曲　アメリカ
http://www.world-anthem.com/lyrics/usa.htm

資料二　フランス国歌

『ラ・マルセイエーズ』（一番）

いざ祖国の子らよ！
栄光の日は来たれり
暴君の血染めの旗が翻る
戦場に響き渡る獰猛な兵等の怒号
我等が妻子らの命を奪わんと迫り来たれり
〈リフレイン〉
武器を取るのだ、我が市民よ！
隊列を整えよ！
進め！　進め！
敵の不浄なる血で耕地を染めあげよ！

引用サイト
　世界の国家・行進曲　フランス国歌
http://www.world-anthem.com/lyrics/france.htm

豆知識　フランス国歌「ラ・マルセイエーズ」の誕生

アメリカ独立戦争後、フランスは独立軍側を支援したことで、国家財政は危機的状況に。そこでブルボン王朝は財政改革のため一七八九年五月、三部会を招集します。三部会とは第一身分(聖職者)・第二身分(貴族)・第三身分(平民)から成る議会。

議題は免税特権の撤廃(当時、聖職者・貴族には税は課せられない特権が)。聖職者・貴族はこれに反発。平民は憲法制定を要求、会は紛糾します。

こうした中、人口の九八%を占める第三身分の平民代表は宮殿の屋内球戯場に集まり、単独で国民議会を組織し、憲法制定まで解散しないことを誓い合います(テニスコートの誓い)。

この動きに、国王ルイ一六世が武力弾圧の姿勢を見せると、これに憤激したパリ市民は同年七月一四日、絶対王政のシンボル的存在であるバスチーユ監獄を襲撃・占領します(実は囚人の七名は詐欺師・精神異常者・放蕩(ほうとう)息子で政治犯は〇(ゼロ))。ともかく、これを機にフランス革命が勃発します。

現在フランスではこのバスチーユ監獄襲撃の日、七月一四日を「革命記念日」、祝日としています。同年八月、議会がアメリカ独立宣言を下敷きに「人権宣言」を採択。こうした動きに危機感を抱いたプロイセンとオーストリアが干渉したことから、フランスは両国に宣戦布告します。

議会は祖国防衛の義勇兵を募り、それに応じた民衆がパリに結集し宮殿を占拠。結果、王権は停止されます。その時、マルセイユから駆け付けた義勇兵が口ずさんだ歌が「ラ・マルセイエーズ」。これが現在のフランス国歌です(前頁、資料二)。

急進派の下、一七九三年一月、国王ルイ一六世は断頭台(ギロチン)で公開処刑。王妃マリー・アントワネットも同じく処刑。以後、革命の血の嵐は吹き荒れ、一七九二年から二年間で三万五〇〇〇人以上が断頭台の露と消えたと言います。

豆知識 ナポレオンとベートーヴェンの意外な関係とは?

革命後のフランスは国内の政治情勢が安定せず、国外的には対仏大同盟による革命干渉戦争が開始されます。こうした混乱の状況下で、彗星(すいせい)の如く登場したのがナポレオン・ボナパルトです。

彼はコルシカ島の下級貴族の出身で、砲兵士官としてフランス革命に参加し、王党派の鎮圧に活躍。一七九六年、二七歳でイタリア遠征の司令官に抜擢。以後、各地で華々しい活躍を見せ、一七九九年、クーデターを起こし政権を掌握します。

一八〇〇年、ナポレオンはアルプスを越え北イタリアに侵攻。イギリスとは一八〇二年、一時的に和解。同年、彼は国民の人気を背景に終身総統となり、ナポレオン法典の編纂・産業の保護などの近代化に努めます。一八〇四年には国民投票で皇帝となり、その後、列国と戦争を重ね、イギリスを除くほぼ全ヨーロッパを制圧しました。

さて、ベートーヴェンは偉大な歴史的作曲家ですが、彼の交響曲第三番と言えば誰もが知る『英雄』です。実はこの曲、ナポレオンに共感したベートーヴェンが彼を讃えるために作曲したものです(譜面表紙には「ボナパルトへ」と献辞が)。

ところが曲の完成間もなくナポレオンが皇帝に即位。これを聞いたベートーヴェンは憤慨し、この献辞が書かれた表紙を破ったとのこと(このエピソードは弟子フェルディナンドが回想し残したもの)。実際は表紙を破ったのではなく、献辞「ボナパルトへ」の部分をペンでかき消したのが実情のようです。その曲名をイタリア語で『シンフォニア・エロイカ(英雄交響曲)』と書き改めたのが、今に伝わる交響曲第三番の『英雄』です。

ナポレオンのその後ですが、一八一二年、ロシア遠征で大敗北し運命は暗転。最終的にイギリス・プロイセン連合軍にワーテルローの戦いで敗れ、大西洋の孤島セントヘレナ島に幽閉。そこで死去。

第四章

欧米列強のアジア進出と日本

	江戸時代（後半～幕末）の主な出来事	
	日本の出来事	世界の出来事
江戸時代	1739 年　ロシア探検隊仙台湾出没	
		1776 年　アメリカ独立宣言
	1783 年　工藤平助『赤蝦夷風説考』執筆	1783 年　アメリカ独立（パリ条約締結）
	1786 年　最上徳内が初の蝦夷地探検	1789 年　フランス革命，人権宣言
	1791 年　林子平『海国兵談』刊行	
	1792 年　ロシア使節ラクスマン根室へ	
	1800 年　伊能忠敬が全国測量開始	1799 年　ロシアがアラスカの領有宣言
	1803 年　間宮林蔵が蝦夷地測量開始	
	1804 年　ロシア使節レザノフ長崎来航	1804 年　ナポレオンが皇帝に即位
	1806 年　ロシア軍艦が択捉島攻撃	1805 年　第三次対仏大同盟の結成
	1808 年　英国船が突然長崎入港・オランダ人を拉致(フェートン号事件)	1812 年　ナポレオンがロシア遠征失敗
	1825 年　異国船打払令	
	1833 年　天保の飢饉	1832 年　イギリスで世界初鉄道開業
	1837 年　大塩平八郎の乱	
	1838 年　モリソン号事件 → 蛮社の獄	
	1841 年　天保の改革	1840 年　アヘン戦争
	1846 年　アメリカ使節ビットル来航	
	1853 年　アメリカ使節ペリー来航	1853 年　クリミア戦争勃発(～ 1856 年)
	1854 年　日米和親条約	1857 年　インドでセポイの乱
	1858 年　日米修好通商条約 『戊午の密勅』問題 → 安政の大獄	1858 年　インドのムガル帝国滅亡
	1860 年　桜田門外の変（井伊直弼暗殺）	
	1861 年　ロシア軍艦対馬占領事件	1861 年　イタリアの統一
	1862 年　寺田屋事件，生麦事件	アメリカ南北戦争(～ 1865 年)
	1863 年　薩英戦争，八月十八日の政変	1863 年　奴隷解放宣言（リンカーン）
	1864 年　四国連合艦隊下関砲撃事件 蛤御門の変 → 第一次長州征伐	1865 年　イギリスでラッセル内閣発足 → 外交方針の大転換
	1866 年　薩長同盟の成立，第二次長州征伐	
	1867 年　大政奉還・王政復古の大号令	
	1868 年　鳥羽伏見の戦い→戊辰戦争勃発 五箇条の御誓文 江戸城無血開城	
	1869 年　五稜郭の戦い → 戊辰戦争終結	1869 年　スエズ運河開通

13 欧米諸国の日本接近（江戸時代2）

Q 欧米船舶の日本接近に対し、幕府はどのような対策で臨んだか？

我が国が海外との貿易を厳しく制限し、平和な時代を享受していたその間、世界情勢は大きな変化を遂げていました。

かつて大航海時代に栄華を誇ったスペイン・ポルトガルは凋落。それに代わったオランダも、国内の産業育成が進まず、中継貿易の減速と英仏との度重なる戦争により、国際政治から後退します。最終的に海外に版図を拡大していったのが、ロシア・イギリス・フランス・アメリカの四ヵ国です。

これら欧米の大国は版図拡大のために、露骨に海外進出を進めていくことになります。やがて、こうした欧米の新たなうねりがしだいに日本にも押し寄せてきます。これを江戸幕府はどのように受け止め、乗り切ろうとしたのでしょうか。

まず、これら欧米諸国の中で最初に日本近海に登場したのがロシアです。一七三九年（元文四）、ロシア探検隊の分遣船団が突然、仙台湾や房総半島に出没しました。これを機にロシア船は、度々日本近海に現れるようになります。

こうした状況下で、蘭学を学ぶ仙台藩の藩医工藤平助は海防の必要性を悟り『赤蝦夷風説考』を著し、当時の老中田沼意次に献上します。

老中田沼は早速、ロシアとの交易と蝦夷地開発の検討に入り、一七八六年、初の本格的蝦夷地探検を最上徳内に命じ実施させます。調査隊は国後・択捉・ウルップ島まで足を伸ばしました。しかしこの計画も田沼の失脚により中止となりました。

その後、工藤平助と親交のあった仙台藩ゆかりの思想家林子平は日本の植民地化への危機感から、『三国通覧図説』『海国兵談』を刊行（一七九一年）。ところが、老中松平定信は林を処罰します。

その四ヵ月後、ロシア使節ラクスマンが根室に来航（一七九二年）。すると、衝撃を受けた幕府は近藤重蔵を蝦夷地に派遣（一七九八年）。近藤らは、国後島・択捉島にまで足をのばし、択捉島に「大日本恵登呂府地」という標柱を建立。幕府は国防のため、蝦夷地を幕府直轄地にしました。

一八〇四年、ロシア全権大使レザノフが漂流民返還と通商を求め、長崎に来航。幕府は一年余り出島で一行を待たせ交易拒否を回答。同時に薪水給与令を発令します（一八〇六年。外国船来航時には、薪・水・食料を与え退去させる）。

幕府の回答に憤慨したレザノフは帰国時部下に無責任な指示を出します。その結果、樺太・択捉島で日本人集落が襲撃・略奪される事件が発生。

この事件を機に幕府は奥羽地方の四藩に蝦夷地沿岸警備を命じ、間宮林蔵に樺太探検を行わせ、樺太が島であることを発見（間宮海峡）。この間、伊能忠敬は一七年間にわたり全国を測量し、没後『大日本沿海輿地全図』が完成されました。

一八〇八年、イギリス軍艦が突然長崎に入港しオランダ商館員を拉致（フェートン号事件）。その後幕府は強硬路線に切り替え「異国船打払令」を発令（一八二五年）。その最初の犠牲がアメリカ商船で、日本漂流民を乗せ浦賀に来航したところ、幕府はこれを砲撃し撃退（一八三七年・モリソン号事件）。この事件を受け、開明的蘭学者渡辺崋山・高野長英・小関三英らが、著書を通し痛烈に幕府の政策を批判（崋山の『慎機論』、長英の『夢物語』）。対し幕府は彼らに弾圧を加えました（蛮社の獄）。

しかしその後、中国でのアヘン戦争（一八四〇年）、香港の割譲（一八四二年）というニュースが日本にもたらされると、幕府は老中水野忠邦のもと、直ちに外国船対策を緩和します。

豆知識　幕府の対外政策愚策の犠牲者、林子平

林子平は一七三八年（元文三）、幕臣林笠翁の次男として江戸に誕生。叔父の町医者林従吾が養育。姉が仙台藩主伊達宗村の側室となった縁で兄は仙台藩士に。その関係で子平も仙台に移住。以来、度々江戸に遊学し、仙台藩医の工藤平助や大槻玄沢、桂川甫周ら蘭学者と親交を深めます。そんな中で林子平は工藤平助同様にロシアの日本接近に危機感を抱くようになりました。

そんな林が長崎に遊学した折にロシアの植民地政策についての情報をオランダ商館長から入手。これを元に一七八六年（天明六）、『三国通覧図説』を発刊。この著書により、当時、多くの知識人がロシアの南下を知ることになったと言われます。

林子平はさらに『海国兵談』を刊行（一七九一年〈寛政三〉）。同書の中で、四方を海に囲まれた島国日本の海辺防備と海防政策の必要性を説き、これらを幕府に強く要求しました。この書物の一文、「江戸の日本橋から唐、阿蘭陀まで境なしの水路である。」は有名です。

ところが老中松平定信は、こうした先見的で近い将来を予見した林子平の警告に対し、彼を危険人物として扱い処罰。そして著書『三国通覧図説』『海国兵談』の出版をいたずらに世間を惑わす行為として取り締まりの対象にしました。

著書の版木は没収され、林子平は強制的に仙台藩に帰郷・蟄居処分させられることとなりました。そんな彼がこの時詠んだ和歌が次のものです。

親も無し　妻無し子無し　版木無し
金も無ければ　死にたくも無し

一七九三年（寛政五）、時代の先駆者林子平は、失意のうちに病死しました。享年五六。

当時の幕府の対外政策はその場しのぎで一貫性がなく、その意味で林子平は幕府の愚策の最大の犠牲者だったと言えます。

豆知識 ロシア・イギリス・アメリカの日本接近の背景には何が？

欧米諸国の中で最初に日本に接近してきたのは地理的に近いロシアでした。当時のロシアは、積極的にシベリア進出を行い、結果、中国の西北辺境まで領域を拡大。やがてカムチャッカ半島もその領有下に治めます。ロシアの毛皮商人たちはさらに半島を南下し、千島列島・樺太に進出しました。

このロシアによる東進の流れは、ベーリング海峡を越えて北アメリカ大陸のアラスカにまで達し、この地をロシア領アメリカと領有を宣言するまでに至ります（一七九九年）。

この流れの中でロシア政府は領土維持のための人員の生活物資確保が課題となり、これが日本接近につながりました。最初が一七三九年（元文四）、仙台湾・房総半島へのロシア船舶の出没です。

次に現れたのがイギリスです。一八〇八年（文化五）、オランダ国旗を掲げたイギリス軍艦フェートン号が突然長崎港に入港。オランダ商館員を拉致し、長崎奉行に薪・水・食料の供給を要求する事件を起こします（フェートン号事件）。

背景には、一七世紀以来のオランダとの植民地覇権争いがあり、イギリスはアジアのオランダ植民地を次々に襲撃。オランダの対日貿易の拠点長崎港襲撃もその一環としてなされたというわけです。この事件をきっかけに、イギリスは日本に通商を求めるようになります。

ロシア・イギリスの次に出現したのがアメリカ。アメリカは一七八三年にイギリスから独立したばかりの新興国家です。建国以来、西部開拓という西進による領土拡張政策を積極的に進めた結果、領土はとうとう太平洋岸に到達しました。

ところが、アメリカの西進政策は北米西海岸に留まることなく、さらに太平洋を西へ西へと西進し続けた結果、その先にあったのが日本だったというわけです。

豆知識　イギリスはいかにアジア市場を席巻したのか?

南アジアでは、一六世紀前半、イスラム教の皇帝が支配するムガル帝国がインドを統一。ヒンズー教とイスラム教を融合させ独特の文化で繁栄。そんなインドにイギリスが触手を伸ばします。イギリス東インド会社の創設です（一六〇〇年）。

一七世紀後半、イギリスはオランダとの抗争に勝利。その間、東インド会社は独自の軍事力を有するように（インド人雇兵セポイ）。その頃、皇帝（イスラム教信者）が宗教政策を厳格にしたことでヒンズー教徒が反発。帝位継承争いも絡みムガル帝国は衰退し始めます。

一八世紀、イギリスは、ベンガルのプラッシーの戦いで勝利（一七五七年）。最終的に反英大反乱のセポイの乱の鎮圧でインド支配を確定しました（一八五七年）。以後、イギリスは植民地としてインドを直接支配下に置くようになります。

東アジアでは一八世紀後半、中国の広東での貿易をイギリス東インド会社がほぼ独占。当時イギリスは中国の主要輸出品紅茶の代価とし大量の銀を清側へ。しかし、輸入過剰で銀の調達が困難に。

そこでイギリスが目を付けたのがアヘンです。イギリスは国産の綿布をインドに輸出→インド産アヘンを清に密輸→清から紅茶を買い本国へ。こうした三角貿易を定着させました。

清は密輸アヘンの急増で銀が大量に国外に流出。銀貨の高騰で民衆の生活が大打撃を受け、社会不安が増大しました。そこで清は林則徐を特命全権大使とし広東に派遣。取り締まりを強化しアヘンを没収・焼却。対するイギリスは財産権の侵害と清に抗議。軍を派遣し、アヘン戦争が勃発（一八四〇年）。結果、敗北した清は、南京条約を締結させられます（香港割譲・多額の賠償金）。

このようにイギリスはじめ西欧諸国は、アジア各地の植民地化を推進しました。

豆知識 産業革命がイギリスで始まったきっかけは何？

産業革命とは一八世紀後半、イギリスで始まった技術革新による産業・経済・社会の大変革です。一九世紀前半にはヨーロッパ各国に拡大します。では、なぜ産業革命はイギリスから始まったのでしょうか。

そのヒントは一七世紀末、インドから大西洋貿易圏に持ち込まれたインド産綿布です。薄くて緻密に織られた綿布は、吸湿性に富み、丈夫かつ価格が毛織物の三分の一でした。

イギリスが大西洋貿易の拡大と共にこれまでの主力輸出品の毛織物に代わる新しい商品として目を付けたのがこの綿布です。やがてイギリスはこの綿布を国内で生産するようになります。

こうして、イギリスで大量生産された綿布は、西アフリカでの奴隷購入の対価やアメリカ向けの輸出商品となり、大西洋貿易圏でのイギリスの主力商品の座を獲得していきました。

このイギリス綿布の大量生産を支えたのが機械設備を持つ大工場群です。これを成立させた条件こそが「資本・資源・労働力・技術力・市場」です。このすべての条件が、当時のイギリスに備わっていました。

・植民地経営による富の蓄積（資本）
・豊かな地下資源（鉄鉱石・石炭）
・富裕地主の土地の囲い込み運動による都市への零細農民の流入（安価な労働力）
・飛び杼（ひ）の発明→紡績機の発明・改良（技術力）、蒸気機関利用・蒸気機関車開発・蒸気船普及
・大西洋貿易圏でオランダ・フランスとの競争に勝ち経済覇権を確立→広大な海外市場を確保

このようにして、あらゆる好条件に恵まれたイギリスは産業革命を通し「世界の工場」と呼ばれる工業大国として、発展を遂げることとなりました。

14 開国（江戸時代3）

Q ペリー来日の目的は何か？

一八五三年（嘉永六）、神奈川浦賀沖にペリー提督率いるアメリカ東インド艦隊四隻が出現、幕府に対し大統領の国書の受け取りを要求してきます。アメリカ側の要求は友好条約締結・交易の開始・石炭と必需品の供給・遭難者の保護の四点でした。

当時のアメリカは、イギリスで始まった産業革命が波及。綿工業は急速な発展を遂げていました。

この綿製品の市場を中国に求めたアメリカにとり、イギリスとの競争で、アメリカ西海岸からの太平洋横断航路開設は必要不可欠な要素でした。

建国して日も浅いアメリカは、植民地争奪戦・市場確保という点で欧州諸国にかなりの遅れをとっていました。この遅れを取り戻す鍵こそが正にこの太平洋横断航路開設にありました。

また、蒸気船は石炭を必要とします。船の石炭積載量を減らせば、商品貨物を積載する量が増えます。そこで必要なのが途中の寄港地です。

当時、欧米諸国は産業革命の真っ只中にあり、機械を動かすにも、夜間操業照明にも鯨油を使用。そこで、アメリカは、捕鯨のために新たに北太平洋に注目しました。江戸時代後半から突然、日本近海に欧米諸国の船舶が出没した最大の原因が、この鯨油目的の捕鯨だったということです。

ところが嵐で遭難する船舶も出てきます。鯨油確保と捕鯨船乗組員の安全確保は当時のアメリカにとって切実な課題でした。そのアメリカの産業革命発展の鍵を握る重要な位置関係にあったのが日本でした。

豆知識　ペリーが来日に七ヵ月半もかけた理由とは？

ペリーは来日に際し、太平洋を直接横断せず、大西洋から東回りで、なんと七ヵ月半もかけて日本にやってきました。

当時のアメリカは蒸気船の建造技術に関しイギリスを抜いており、サンフランシスコ～太平洋横断～中国上海間の航海は三週間で可能だったと言います。それなのに、なぜペリーはわざわざ遠回りの大西洋横断東回りコースで、しかも七ヵ月半もかけて日本にやってきたのでしょうか。

ペリーがアメリカ東海岸のノーフォーク港を出港したのが一八五二年の一一月二四日。彼を乗せた蒸気船ミシシッピ号は一隻で大西洋を横断。アフリカ最南端ケープタウン経由で中国へ向かいます。香港・上海で先発待機の蒸気船サスケハナ号と帆船サラトガ号、プリマス号に合流しました。

そこで四隻の艦隊を編成し、琉球・小笠原諸島を経由して、日本の神奈川浦賀沖に姿を現したのが、一八五三年七月八日の夕方五時頃です。

ではあらためて、なぜペリーは来日に七ヵ月半もかけたのでしょうか。主な説は次の三つです。

・蒸気船での太平洋横断航路が未確立だった。水・食料の補給と石炭不足の問題。

・当時、西海岸米海軍基地が未整備だった。アメリカ西海岸カリフォルニアの米国領土編入が一八四八年。パナマ運河の開通は一九一四年。

・交渉の作戦計画立案のための時間確保。ペリーは二度目の遣日特使。一度目（一八四六年）の失敗の轍（てつ）を踏まないため用意周到な研究を重ねた。

研究者の間ではこの三説の中でも特に三番目の説が有力なようです。

これを裏付けるかのように、ペリーは各寄港地で日本の情報の入手に専念し、航海中は四〇冊以上の日本に関する著作を読破。日本という国を、徹底的に分析していたとのことです。

豆知識　ペリー旗艦「サスケハナ号」はどんな船だったの？

一八五三年（嘉永六）、浦賀に来航したマシュー・ペリー提督（代将）が搭乗してきた旗艦がサスケハナ号です。

この船は一八五〇年一二月二四日、アメリカのフィラデルフィア海軍工廠で竣工したアメリカ海軍の蒸気外輪のフリゲート艦です。船名の由来は、アメリカペンシルベニア州を流れるサスケハナ川からきています。サスケハナとは北アメリカ先住民の言葉で「広く深い川」という意味です。

この船は帆走と外輪式蒸気機関推進併用の機帆船です。その関係で船体中央部に煙突が一本あり、その両サイドの外側に推進用の外輪（大型の水車のようなもの）が付いているのが大きな特徴です。

普段の航海では帆走し、港に入港時とか戦闘態勢に入る時は蒸気機関を推進力にしました。

このようにサスケハナ号はスクリューが開発される直前のタイプの艦船ですが、当時としては最新鋭の巨艦であったことは間違いありません。

その性能を見ると、全長が七八・三m、全幅一三・七m。吃水（船体の一番下から水面までの垂直距離）六・三五m。最大速力一〇ノットでした。また満載排水量は三八二四tだったとのことです（排水量＝艦船の重量を示す数値）。ちなみに当時日本の最大級の千石船の排水量は二〇〇tでした。

単純に見た時、サスケハナ号は当時日本の一般的大型千石船のおよそ一九倍程度の規模の船だったということです。

船の規模もさることながら、当時の日本人にとっての最大の驚きは、湾内を煙を出し自由自在に走行する蒸気船の姿だったのではないでしょうか。当時の狂歌がそれをよく表現しています。

泰平の眠りを覚ます上喜撰（蒸気船）
たった四杯で夜も寝られず

豆知識 ペリー来航時に見せた日本側のおもてなしとは？

ペリー来航に際し、幕府は米国大統領の国書を受理。回答については将軍家慶の病気を理由に一年間の猶予を求め、ペリーもこれに同意し一旦は香港に帰航します（その一〇日後、家慶は死去）。

次の将軍を病弱の家定が継承。老中阿部正弘が引き続き重責を担います。阿部はペリー再来航に備え、砲台を備えた人工島（お台場）を江戸湾の数ヵ所に設置する工事を急ピッチで進めました。

翌年（一八五四年〈嘉永七〉）一月、予定を半年早めたペリー艦隊が軍艦九隻で来航。交渉は江戸により近い横浜で再開。難交渉の末、『日米和親条約』を締結。その要点は下田、函館の開港・領事在駐の許可・米国船への燃料や食料の供給・米国に最恵国待遇を与えることでした。しかし交易は幕府側が譲らず、ペリーもこれをのみました。

この交渉で、幕府は平和的外交手段で問題解決を粘り強く図りました。この姿勢は、当時の幕府の外交能力の高さを十分にうかがわせるものです。

また幕府の事前の情報収集・分析能力の高さ、老中阿部正弘、交渉責任者林大学頭等、幕府の役人が臆することなく冷静・慎重かつ対等の姿勢で条約交渉に臨んだ姿勢は評価に値するものです。

条約締結後、日米間でのプレゼント交換が行われました。アメリカからは、蒸気機関車の四分の一の模型・電信機など一四〇点。機関車は模型とは言え実際に引かれたレール上を走行し好奇心旺盛な日本人はその屋根にまたがり試乗を楽しんだと言います。電信機についても、一マイルの電線がはられ実演が。これらの器物は日本人に近代文明を理解させるには十分な役割を果たしました。

日本側からは伝統工芸品や米俵二〇〇俵を贈呈。米俵は二五人の幕内力士に運ばせ怪力を披露させました。相撲の取り組みの実演もあり、日本側も精一杯の「おもてなし」を行いました。

豆知識　来日したペリーを驚かせたものとは？

『日米和親条約』締結という大任を果たしたペリーは帰国後、『日本遠征記』という航海記を議会に提出。その記述内容の一部を紹介します。

「乗船を許された人々も同じように詮索好きで、近付けるところなら隅々までのぞき込み、あちこちの寸法を測ったり、目に触れるものはなんでもかんでも独自の流儀で写生したりする。」「読み書きが普及しており、見聞を得ることに熱心である。彼らは自国についてのみばかりか、他国の地理や物理的進歩、当代の歴史についても何がしかの知識を持っており、我々も多くの質問を受けた。」「長崎のオランダ人から得た知識は、実物を見たこともない鉄道や電信、銅板写真、ペキサン式大砲、汽車などに及び、それをまるで見てきたかのように語った。またヨーロッパの戦争、アメリカの革命、ワシントンやボナパルトについても的確に語った。」と述べています。

さらにペリーを驚かせたのは、鍛冶屋や桶屋といった街中の職人たちの技術力の高さです。

「実用的ならびに機械的分野の諸技術において日本人は素晴らしい手先の器用さを備えている。彼らの使う道具の粗末さや、機械に関する不十分な知識を考慮に入れるならば、日本人の持つ手作業の完全さは驚異的なものと思われる。」

「日本の職人は、世界のどの国にも引けを取らない腕前を持っており、彼らの発明能力をもっと自由に発揮させるならば、世界の最も進んだ製造業国と肩を並べる日もそう遠くないであろう。」

「日本人がひとたび文明世界の過去から現在に至る技術を吸収した暁には、将来の機械技術の進歩をめぐり、日本は強力な競争相手として出現することになるであろう。」

近未来の日米関係を感じさせる、予告とも取れるペリーの慧眼には驚かされるばかりです。

豆知識

ペリー来航は国際政治の絶妙なタイミングで実行された？

ペリーの黒船来航で日本が大混乱を来たしている頃、クリミア半島と黒海では、クリミア戦争が勃発していました（一八五三〜一八五六年）。

この戦争の根本原因は、ロシアが一七世紀末期以来取り続けてきた南下政策です。高緯度に位置するロシアは厳冬期に港がすべて氷結。不凍港の有無は産業発展上で大きな死活問題です。

ロシアにとり国家の生命線＝不凍港の確保は帝国の悲願でした。逆に西欧諸国からすれば、大国ロシアが不凍港を得て海洋進出してくることは脅威そのもので、これを阻止したいのは当然です。

戦争の発端は、ロシアが弱体化したオスマン帝国に政治干渉し南下を意図したことにあります。一八五三年、ロシアとオスマン帝国との間で開戦。オスマン帝国はイギリス・フランスに支援を要請。翌年、両国はロシアに宣戦布告。戦争は、ロシア×トルコ・イギリス・フランスに拡大します。動員兵力はロシア二二〇万、イギリス・フランス六六万で、大戦争となりました。結果は二年半の激戦の末、ロシアの敗北で終結。双方合わせ約二九万の人々が犠牲となりました。これにより、ロシアの南下政策は一旦押さえ込まれました。

最大の激戦地クリミア半島セヴァストポリ要塞をめぐる攻防戦は特に陰惨を極め、若き日のトルストイもロシア軍砲兵少尉として戦いに従軍。後に『セヴァストポリ物語』で戦場の悲惨さを作品に。

また、イギリスの看護婦ナイチンゲールが野戦病院の婦長とし敵味方区別なく献身的に負傷兵の看護にあたり「クリミアの天使」と呼ばれました。

彼女の活躍に刺激され、後にスイス人アンリ・デュナンが赤十字社を創立した話は有名です。

ペリー来日は、列強がクリミア戦争に忙殺されている間「力の空白」となった太平洋をねらった、新興国アメリカの絶妙なアジア戦略とも言えます。

15 幕末の動乱と欧米諸国の動き（江戸時代4）

Q 幕末動乱のきっかけは何だったの？

一八五四年（嘉永七）、ペリー再来航により『日米和親条約』を締結。これをきっかけに、その後米国領事ハリスとの間で、一八五八年（安政五）、『日米修好通商条約』が調印されます。この条約をもって日本は欧米諸国に「開国」しました。

　これを契機に日本は、欧米諸国との本格的な貿易を開始します。しかし、この貿易開始は日本に経済的に大きな影響を及ぼすことになります。

　こうした開国後の経済状況を背景に、開国をめぐり国内世論は大きく分裂。このうねりは、やがて倒幕運動となり明治維新を迎えます。

　経済的影響力については後述の「豆知識」で触れますので、ここではまず開国をめぐる国内世論の分裂から見ていきます。

『日米修好通商条約』調印時、これをめぐり、立場の異なる二つのグループが存在しました。

　条約調印やむなしとする幕府「開国」派と頑なに条約反対を唱える水戸藩（藩主徳川斉昭）を中心とする「尊王攘夷」派です（尊王＝天皇を尊ぶ。攘夷＝外敵を追い払い国内に入れないとする考え）。

　本音はともかく、反対派が条約締結に不満を持った最大の理由は、条約の中身そのものではなく、条約締結自体に天皇が反対していたという点です。しかも、幕府が天皇の許可なしで条約を調印したことが火に油を注ぐ結果となりました。

　この幕府の行為が条約締結反対派（尊王攘夷派）の反感を買い、彼らの運動を活発化させる導火線となっていきました。

実は、この条約をめぐる対立には、将軍継承問題も絡んでおり、複雑な様相を呈していました。

従来は外交にせよ国内の重要課題にせよ、幕府が独裁的に物事を決めてきました。ところが、ペリー来航時、時の老中阿部正弘が「迫りくる国難に対し、一致協力で乗り切りを図ろう」とした対応が、ここにきて幕府側に裏目に出ます。

具体的に阿部正弘がとった対応とは、朝廷への現状報告と諸大名に意見を求めたことです。

前者は朝廷の権威を向上させ、後者は諸大名に幕政参加への機会を与え、雄藩の台頭を促すことにつながりました。

その雄藩の代表格として最初に台頭したのが、水戸藩だったというわけです。

そこに発生したのが、『戊午の密勅』問題です。これは一八五八年、孝明天皇が水戸藩主徳川斉昭に攘夷実現のため命令を下したとされる問題です。

これに対し、幕府を乗り越えた反対派の動きに危機感を抱いた大老井伊直弼は、幕府体制維持のため反対派への大弾圧に出ます（＝安政の大獄）。

この幕府側の対応が、反対派を一挙に加熱させます。その中心が水戸藩の浪士で、一部薩摩藩浪士も加わり、大老井伊直弼の暗殺という大事件を引き起こします（一八六〇年・桜田門外の変）。

大老井伊直弼の死は幕府の権威失墜を世に示し、同時に強権を発動する者がいなくなったことで、幕府は政治的統率力を著しく低下させました。

これが結果的に反対派による尊王攘夷運動の激化を呼び、薩摩・長州という有力諸藩有志による倒幕運動への伏線となっていきました。

尊王という点では形式上であれ幕府も同様ですが、尊王攘夷派は幕府を揺さぶるため、この点を上手く突いたとも言えます(将軍の任命権者は天皇)。

しかし尊王攘夷派とは言え、彼らは幕府そのものを否定する立場ではありませんでした。この点が、後の「倒幕」派とは大きく異なる点です。

豆知識

開国の経済混乱がもたらしたものとは？

開国後の貿易は拡大の一途をたどります。しかし、生糸・茶など原料品の輸出超過状態が続き、その需要に国内原料生産が追い付かず、品薄状態が続き価格が高騰します（便乗値上げで物価も高騰）。

また、国内流通システムが、従来の江戸・大坂間の統制型から産地直送型のシステムにとって代わられ（通商条約による自由貿易保証）、経済の大混乱が発生。品不足と価格高騰に拍車がかかり庶民生活を直撃。各地で一揆や打ち壊しが頻発。

また、経済混乱の引き金には、大量の金の海外流出もありました。それは、海外との金・銀の交換比率の相違が起因します。日本の金は国際的価格と比較し、非常に安価でした。金対銀の比率が日本では一対五、欧米で一対一五だったからです。

慌てた幕府は金貨の質を大幅に落とした小判を改鋳。これがさらに経済混乱に拍車をかけました。

こうした開国による経済混乱を背景に、尊王攘夷運動は基盤を形成していきます。「勤皇の志士」と呼ばれる者の中には、目的のためなら手段を選ばずテロ・強盗・放火を実践する者たちも現れ、社会の不安・混乱をさらに掻き立てました。

幕府は生き残りをかけ、公武合体策や幕府中心の雄藩連合構想を模索しますがいずれも失敗。

尊王攘夷派が主導権を握る長州では欧米諸国との戦いを通じ、方針を「攘夷のための開国」に変更（攘夷の実行は将来に保留）。倒幕に転換します。

薩摩は公武合体派の島津久光（しまづひさみつ）が藩内の尊王攘夷派を一掃（寺田屋事件）。薩英戦争を通じ英国に接近。そして、西郷隆盛（さいごうたかもり）・大久保利通（おおくぼとしみち）らが藩の実権を握ると反幕府色を強めていきます。

この長州・薩摩を土佐藩出身の坂本龍馬（さかもとりょうま）が結び付け薩長連合が成立。さらに幕府中心の雄藩連合構想も幕府抜きの「薩長」中心の雄藩連合に変化。「倒幕」の動きはさらに加速していきます。

豆知識 幕末動乱期、米国の影が薄くなるのはなぜ?

江戸時代末期、外交面で強烈な影響を日本に与えたアメリカでしたが、急に影が薄くなります。その原因はアメリカ国内で勃発した南北戦争です(一八六一~一八六五年)。この戦争はアメリカという国家を二分した壮絶な内戦でした(南部の一一州と北部二三州の同胞同士が相争った)。

背景には、経済基盤となる産業構造の違いや、連邦制の性格をめぐる対立がありました。

この頃のアメリカでは建国以来存在を容認してきた奴隷制度が道徳的・政治的問題としてクローズアップ。この制度に北部は反対、南部は制度存続を求めていました(南部は産業構造が奴隷という安価な労働力を前提としていた)。

この南北対立は一八六一年の大統領選挙をめぐり頂点に達します。西部への奴隷制度拡張に反対の立場をとるリンカーンが大統領に当選すると、翌年二月、南部七州が連邦を脱退し南部連合を結成。中央政府はこれを認めず戦争が勃発します。

当初は、南軍が優勢でしたがリンカーン大統領が奴隷解放宣言を出すと内外世論の支持が集まり、ゲチスバーグの戦い以降、北軍が戦いを優勢に。一八六五年、南軍の降伏で戦争は終結します。

一八六三年、激戦地ゲチスバーグで開催の戦没者追悼式典でのリンカーン大統領の演説の一節「人民の人民による人民のための政治をこの地上から消滅させてはいけません」は有名です。

戦争の結果、奴隷制度の廃止で四〇〇万人の黒人奴隷を解放。その歴史的意義は極めて大きいものと言えます。また国内統一で、工業化を軸とした大国として成長する基礎がここで築かれました。

しかし戦争の傷跡は深く、戦死者総数は六二万人(第二次大戦約二九万人)。この数字からも南北戦争がアメリカ史上最大の戦争であり、戦後に計り知れない影響を与えたことが理解できます。

豆知識　日本が欧米の植民地にならずにすんだ対外的要因とは？

日本は幕末期、いくつかの場面で欧米列強の植民地となる危機に直面しました。ペリー黒船来航時、対馬（つしま）占領事件、薩英戦争、四国連合艦隊下関砲撃事件、江戸城総攻撃時がそれです。しかし結果的に植民地化を免れました。この頁ではその要因を国外からの視点で探ってみます。

第一点、欧米列強はその時期日本に関わる余裕がありませんでした。英・仏・露のクリミア戦争。他、英国は第二次アヘン戦争・セポイの乱、仏国はベトナム軍事占領、米国は南北戦争。

第二点、英国の対日外交方針が砲艦外交から中立外交へ軟化したこと（一八六五年、英国首相パーマストンの急死とラッセル内閣の発足）。

これにより当時の国際政治の主役である英国のこの動向が、日本並びにアジア情勢に強く働いたことは間違いありません。

第三点、欧米列強の最大の関心・ねらいが中国（清）にあったこと。大国の経済市場でもある中国に全エネルギーを集中したい、これが、欧米列強の本音です。日本は外交交渉が可能で、武器・商品を輸入してくれるお得意先、しかも西欧から最も離れた極東の島国です。あえてリスクの高い武力攻撃を選択する必要性がありません。ペリー来航・薩英戦争・下関砲撃事件はその典型です。

この問題に一番敏感だったのが尊王攘夷運動や薩長の急進派です。彼らの狂信的攘夷活動は、欧米列強の日本侵略の口実にいくらでもなり得ました。この点で彼らは倒幕という目的のためにわざと植民地化の危機を煽ったと考えられなくもありません。逆に、幕府側の方が欧米列強の動きを冷静に観察し、対応したという見方もできます。

いずれにせよ国外からの視点で見る限り、当時の日本の植民地化の可能性は想像より低かったのではないかと考えられます。

豆知識

日本が欧米の植民地にならずにすんだ国内的要因とは？

日本が植民地化を免れた要因をこの頁では国内からの視点で探ってみます。

まず挙げたいのは幕府の巧みな外交です。幕府は一見無能・消極的と見られがちですが、蘭国や清国を通し海外事情に精通していました。特に、アヘン戦争以降は無意味な戦争を回避することに努めました。日本が結んだ条約は不平等な点はもちろんありましたが、同時期のアジア諸国のものと比較して、従属性は弱いものでした。

次に挙げたいのが日本人の結束力です。それを支えたのが、「強烈な独立への意志」です。幕末の日本はかなり複雑な様相を呈していましたが、当時の武士をはじめとした知識人には誰もが一致し共通した「大義」が存在しました。その大義とは「尊王と独立」です。これは佐幕派・倒幕派を問わず共通したものでした。

徳川慶喜(よしのぶ)を例にとるとこれがよく理解できます。慶喜は鳥羽伏見の戦いで錦旗が戦場に立てられると江戸に逃亡。徹底恭順・謹慎を貫き通しました。慶喜は尊王を掲げる水戸藩の出身です。彼は朝敵になることを何より恐れたからです。

また、フランスが慶喜に抗戦を勧め、武器・資金を申し出た時、これを断りました。それは何より内戦を回避したい。裏返せば内戦になれば間違いなく列強が干渉し、日本の独立が危ういという意識・判断からに他なりません。それが結果的に「江戸城無血開城」という形を取らせました。

こうした大義はそのまま明治新政府に継承されます。ちなみに新政府の官僚の六～七割は幕府を支えた幕臣・諸藩の藩吏だったと言われます。

これを見ても、明治という時代は徳川の遺産で成り立っていたことは明白です。彼らの独立への意志は、幕末を体験した武士として、新政府の官僚という立場で強烈に働き続けたと言えます。

対馬占領事件の背景にあったものとは？

一八六一年（万延二）三月、対馬がロシアの軍艦に突然軍事占領される事件が発生します。この事件が対馬占領事件（ポサドニック号事件）です。この事件は偶発的なものではなく、ロシアの対外政策の一環と見る方が正確かと思われます。

一七世紀末期以降のロシアにとり、不凍港の確保は悲願でした。当時のロシアは、積極的にシベリア進出を行い、結果、中国の西北辺境まで領域を拡大。さらにカムチャッカ半島を南下、千島・樺太に進出。この東進の流れは、ベーリング海峡を越えアラスカまで達しました。

一九世紀に入ると、この東進は「南進」に流れを大きく変えます（「南下政策」）。一八六〇年、ロシアは清と北京条約を締結。外満州全土を割譲させ、念願の不凍港ウラジオストクを入手。ウラジオストクのロシア語名はヴラジヴォストークです。ヴラジは支配、ヴォストークは東を意味します。日本語に直訳すれば、「東方を支配せよ」程度の意味。この翌年に起きたのが「対馬占領事件」です。

事件の概要は、ロシア軍艦ポサドニック号が船体修理を理由に対馬芋崎に入航。無断上陸し兵舎の建設を開始。ロシア側は対馬藩藩主の抗議には耳を貸さず、逆に軍事力を背景に芋崎の租借を要求。近隣の村々への略奪襲撃など蛮行を繰り返す有様で、こうした状況は半年にも及びました。

幕府は自力でロシア軍艦を排除できず、イギリスに協力を要請。イギリスはロシアの極東侵出を阻止すべく、軍艦二隻を対馬に派遣。ロシア側はクリミア戦争でイギリス・フランス連合軍に敗北した傷がまだ癒えない状態でしたので、トラブルを避けるため慌てふためき対馬を退去しました。

この事件は、日本が列強の植民地化の危機に晒されていた例とし、幕末から明治にかけての日本人の心に衝撃を与え、危機意識を醸成しました。

豆知識

江戸城総攻撃直前の舞台裏で働いた外交パワーとは？

幕末から明治にかけての過渡期は、アジアで植民地争奪戦を行ってきた欧米列強にとり、日本植民地化の絶好の機会でした。中でも特に注目したいのが「江戸城無血開城」です。対処を一歩誤れば、間違いなく日本は列強の餌食でした。

これを回避したのが、江戸高輪薩摩藩邸での、西郷隆盛と勝海舟の会談と言われます。会談は事実ですが、その裏でイギリスが江戸城総攻撃に強行に反対した史実はあまり知られていません。

当時の状況は旧幕府のバックにフランス、薩長にはイギリス。これを考えますとイギリスのこの時の姿勢は不可解です。では、なぜイギリスは、江戸城総攻撃に強行に反対したのでしょうか。

一八六五年、英国首相パーマストンが急死し、ラッセル内閣が発足。これにより英国の外交方針が「砲艦外交」から「中立外交」に軟化します。

これまでのイギリスの対アジア政策方針は、「支配下に置こうとする国や地域に対して反政府勢力を支援する、または創る」とするものでした。この基本外交路線に沿って日本では薩摩・長州に武器密輸等で肩入れしました。その現場担当が長崎グラバー商会で、下請け的存在が坂本龍馬の海援隊という構造でした。これが首相パーマストンの急死で、一挙に方針が転換されたわけです。

この外交方針転換で、イギリスは基本の軸足を中央政府（幕府）に置き、時には反政府側（薩長）にも貿易で接近を図るという老獪さで接しました。要はイギリスが日本に求めたものは政治的影響力ではなく、貿易による経済的利益でした。

江戸城無血開城は勝と西郷のお手柄美談として語られます。しかし、実はその裏で、イギリス政府の外交方針転換があり、公使パークスが西郷に戦争回避の圧力を強力にかけたという史実があったということです。

第五章
日本の近代化と欧米列強の帝国主義

	明治時代～大正時代の主な出来事	
	日本の出来事	世界の出来事
明治時代	1867年　大政奉還・王政復古の大号令	1867年　アメリカがロシアからアラスカを買収
	1868年　戊辰戦争勃発 五箇条の御誓文	
	1869年　版籍奉還。東京が首都に	1869年　スエズ運河開通
	1871年　岩倉欧米使節団。廃藩置県	1871年　ドイツ帝国成立
	1872年　新橋・横浜間の鉄道開通	
	1873年　徴兵令。地租改正。征韓論争	
	1874年　民撰議院設立の要求	
	1876年　江華島事件。日朝修好条規	
	1877年　西南戦争 → 翌年，参謀本部設置	1877年　インドがイギリス領に
	1880年　国会期成同盟	
	1881年　国会開設の詔勅	1882年　独墺伊三国同盟
	1885年　内閣制度。『脱亜論』新聞に掲載	1884年　朝鮮で甲申事変
	1886年　ノルマントン号事件。長崎事件	1886年　ビルマがイギリス領に
	1889年　大日本帝国憲法の発布	1887年　フランス領インドシナ連邦成立
	1890年　第一回帝国議会開催	
	1894年　治外法権の撤廃。日清戦争勃発	1894年　朝鮮で甲午農民戦争
	1895年　下関条約。三国干渉	1896年　露清同盟密約
		1898年　フィリピンがアメリカ領に
	1902年　日英同盟 締結	1900年　清で義和団事件
	1904年　日露戦争（～ 1905年）	
	1905年　ポーツマス条約	1907年　英露仏三国協商
	1910年　韓国併合	1908年　青年トルコ人革命
	1911年　関税自主権の回復	1911年　清で辛亥革命
	1912年　明治天皇崩御。大正天皇即位	1912年　中華民国成立
大正時代	1915年　『対華二十一ヵ条』の要求	1914年　第一次世界大戦勃発(～ 1918年)
	1918年　「米騒動」。原敬内閣成立	1917年　アメリカ参戦。ロシア革命
		1919年　中国で五･四運動。パリ講和会議。 ベルサイユ条約
	1920年　国際連盟に加盟	1920年　国際連盟の成立。尼港事件
		1921年　ワシントン会議。四ヵ国条約。 海軍軍縮条約。九ヵ国条約
	1923年　関東大震災	1922年　ソビエト連邦成立
	1925年　普通選挙法・治安維持法 成立	トルコ革命 → オスマン・トルコ帝国崩壊

16　明治維新の意義（明治時代1）

Q　明治維新の最大の目的は何だったのか？

「明治時代」とは、一八六八年（明治元）、明治政府の成立から、一九一二年（明治四五）、明治天皇が崩御されるまでの時代を指します。

その出発点となったのが、明治維新です。明治維新とは、「一九世紀後半、江戸幕藩体制を崩壊させ、中央集権統一国家の建設と日本資本主義形成の起点となった政治的・社会的変革の過程」（三省堂『大辞林』）。簡単に言えば、幕末の倒幕運動から明治初期にかけて行われた近代化への一連の大改革です。

この改革の開始・終了の時期をめぐっては諸説ありますがここでは触れません。それより重要な点は、なぜ日本がその時期、こうした一連の改革を必要としたのかということです。

そして、日本はこの時期から急速に朝鮮半島及び中国大陸への関心を高めていったという点にも注目です（「征韓論」はその好例）。

この節では、この二つの疑問を解くことで明治という時代を理解していただくことに努めます。

明治維新という大改革は、ともすると国内に強く関心が向けられがちです。しかし、その動機を、当時の日本を取り巻く東アジア情勢に向けると、もっと別のものが見えてきます。

当時のアジア・アフリカ地域を見ると、その多くの国・地域は欧米列強の圧倒的軍事力の前にひれ伏し、列強の経済秩序の中に組み込まれ、植民地化への道をたどっていたからです。

では、当時、アジア・アフリカ地域で独立国と呼べる国は何ヵ国あったのでしょう。

答えは、日本・タイ・エチオピアのたった三ヵ国だけです。清やオスマン・トルコ帝国も、形は一応独立国の形を保ってはいましたが、列強の内政干渉により弱体化。独立国と呼ぶには程遠い状況にありました。

そんな中、日本では、隣国清でのアヘン戦争（一八四〇年）以来の状況が、人々の中に伝聞を通し拡散。外圧の脅威（＝植民地化への危機）が当時の武士を含めた知識人の間では、認識されていました。そして、彼らの誰もが一致した共通する大義としていた、「独立」という言葉が強烈に意識されていたものと推測されます。

特にこの時期、日本を脅かす外圧を見ると、北からは南下政策を目論む帝政ロシア。南からはイギリス・フランスが版図を拡大して清に至り、東からは植民地争奪戦に一歩立ち遅れたアメリカがその触手を伸ばしつつありました。これが明治維新直前の日本を取り巻くアジア情勢でした。

しかしこの時期、日本にとってのこうした外圧は、それ以上の進展は見せませんでした。なぜなら、前述のように当時欧米列強はそれぞれ内外に問題を抱え、日本を標的にするだけの余力がなかったからです（前節の豆知識「日本が欧米の植民地にならずにすんだ対外的要因」を参照）。

ともかく、こうした対外的要因の偶然が一時的にとは言え、日本の植民地化への危機を回避させたと言って良いでしょう。

でも、一八七〇年代～第一次世界大戦に至る、いわゆる「帝国主義の時代」に突入すると、状況は一変します。列強は積極的に植民地獲得及び軍事力による世界再分割に乗り出したからです。

その直前で日本が明治維新を通し、近代化というシステムに転換を図ることに成功したことは、独立維持という点で奇蹟的に幸運な出来事でした。

※帝国主義…自国の利益のため、軍事力で他国を侵略し、植民地獲得を目指す政策。

豆知識　明治政府最大の外交課題とは？

一八五八年（安政五）、江戸幕府は安政五ヵ国条約を締結し、欧米諸国と正式な国交を持つようになります。しかし、この条約には日本にとり二つの点で不平等な内容が含まれていました。

一つは治外法権（領事裁判権）を認めたこと。一八八六年（明治一九）、ノルマントン号事件の時、英国領事館で英国人裁判官が、英国法に基づき裁判を行い日本側は煮え湯を飲まされました。

二つ目は関税自主権が日本側にないという点。これは外国からの輸入品に関税を自由にかけられない＝安い外国製品の流入を防げないことを意味。幕末の日本経済は、これで大混乱を起こしました。明治政府はこの条約改正のため、外交交渉に膨大なエネルギーを割くことになります。

その最初の試みが、一八七一年（明治四）の岩倉具視を全権大使とする欧米使節団です。ところが訪問先の欧米諸国は、日本が近代国家としての形を整えていないことを理由に条約改正交渉に応じませんでした。以降、日本は約四〇年に及ぶ苦難の道をたどります。同時にそれは日本が近代国家として世界に認知されるための歩みでもありました。

明治政府は、まず欧米諸国が野蛮と見るアジア諸国と日本との違いをアピールする必要性から、憲法制定や国会開催への努力を重ねました。

その一方で、毎晩洋館に外国人を招待し舞踏会を開催（鹿鳴館時代）。また外国人を日本の裁判官にするという妥協案で外国と交渉もしました。

しかし、こうした方法は国民の不満を高めるだけで、実を結ぶことはありませんでした。

また、自由民権運動の側からも、国会開設や条約改正を政府に要求する運動の盛り上げで、国民合意を形成する意味で大きく寄与する面がありました。最終的な条約改正の成立は、日清・日露戦争を待つことになります。

豆知識 征韓論争——西郷の念頭にあったものとは何？

岩倉使節団が帰国直後、征韓論争が沸き上がりました。要は、朝鮮王朝に国交を求めた日本政府に対し、朝鮮側が応じないため、国交を開くためなら「武力行使あり」とするか（征韓論）、「自国の近代化に注力すべき」とするか、ということです。

前者の主役が西郷隆盛と板垣退助、後者が洋行帰りの岩倉具視と大久保利通というのが通説です。その後、下野した西郷は西南戦争で自らの命を絶つことになります（一八七七年〈明治一〇〉）。

ところが、「外征に余裕はない」と征韓論に反対したはずの大久保の明治政府は、論争からわずか二年後（一八七三年〈明治六〉）、朝鮮の江華島（こうかとう）付近で鎖国中の朝鮮軍を挑発し、砲撃してきた朝鮮側に応戦（江華島事件）。翌年、強硬姿勢で朝鮮を開国させました（『日朝修好条規』締結）。

この事件から明確になった点は、征韓論争は明治政府内の主導権争いだったことと、西郷も大久保も朝鮮半島に共通した認識があったということ。

では、その認識とは何でしょうか。結論を言えば、彼ら明治政府首脳は幕末以来の欧米列強への脅威、特に唯一国境を接するロシアの動向＝南下政策にかなりの危機意識を抱いていたと思われる点です。西郷が北海道への屯田兵（とんでんへい）設置を主張したのもこの一環と考えられます。

通説では征韓論の主役は西郷とされますが、彼の主張は武力行使も可とする板垣の強硬論とは異なり、使節派遣論（遣韓論）であったという点が重要です（西郷自身が使節となり朝鮮と直接交渉する）。その背景には、勝海舟（かつかいしゅう）の「三国連携論」（日・中・韓の連携により列強に対抗）の影響があったのでは、と推測する研究者もいます。

いずれにせよ、朝鮮半島は当時から日本の安全保障にとり極めて重要な地域という認識を、明治政府首脳が持っていたことは確実に言えます。

17 日清戦争（明治時代2）

Q 明治政府が清国と戦争してまでも朝鮮国に込めた願いとは？

日清戦争とは一八九四〜一八九五年（明治二七〜二八）にかけ日本と清国が戦った戦争です。

きっかけは朝鮮で起きた甲午農民戦争（東学党の乱・一八九四年五月）。翌月、朝鮮政府は反乱鎮圧のため、清国に援兵を依頼。日本も清国との間で締結した天津条約（一八八四年）に基づき出兵。

その後、農民軍と朝鮮政府の和解が成立しましたが、日清両軍は撤兵せず、七月、豊島沖で海戦が勃発します（豊島沖海戦）。そして、八月一日、日本は清国に宣戦布告し開戦に至ります。

戦争の原因は、清の属国であった朝鮮の支配権をめぐる日清間の紛争とするのが一般的です。では、なぜ、日清両国は朝鮮への影響力の拡大にこだわったのでしょうか。

次頁、資料をご覧ください。日本と朝鮮国に関わるこの資料を見ると、ある共通する言葉が目に付きます。それは「自主」と「独立」です。当時の日本が朝鮮国を仮に形式上であるにせよ、自主・独立の国家として扱っていたということです。

では、清国にとっての朝鮮はどうだったのでしょうか。当時の朝鮮は清国の華夷秩序の中に残された唯一の朝貢国（属国）でした。したがって、清国にとり属国朝鮮を失うことは、すなわち華夷秩序そのものが崩壊することを意味しました。

他方、当初から華夷秩序の外にあった日本は、江戸時代末期の極東に押し寄せる欧米列強の植民地化の動きに危機意識を持ち、これに対して強烈に反応しました。それが薩長を中心とした明治維新の原動力となりました。さらに日本は、明治新政府の下で、文明開化・富国強兵といち早く近代化に取り組んできました。

そんな日本にとり欧米列強の中でも特に安全保障の上で、直接的に最も脅威だった国が、唯一国境を接するロシアでした。

このロシアの極東での領土拡大の動き（南下政策）に対し、それを食い止めるには朝鮮半島の中立化＝緩衝地帯の構築しかない。そのためには、朝鮮の近代化と宗主国清に依存しない自主独立の国家建設しかないと、時の明治政府首脳は考えたと推測されます（次頁の豆知識参照）。

要は、朝鮮の独立は日本の防衛上の死活問題であると考えた明治政府が、ロシア南下に対する防波堤の役割を朝鮮国に期待したということです。

実は朝鮮国内にも独立・近代化の動きがあり、日本はこの動きを全面的に支援。ところが朝鮮政府内の保守派が、宗主国との関係を維持すべきと、清国の強力な後ろ盾をバックに、この国内近代化の動きを完全に封じてしまいました。

ともかく、あくまで華夷秩序を維持しようとする清国にとって、朝鮮の独立と近代化実現を願う日本の動きは容認できませんでした。清国が日本を敵視した原因は華夷秩序の維持を願う中華思想が根本にあったからと考えられます。

資料

日朝修好条規（一八七六年二月七日）

第一款　朝鮮国は自主の邦にして日本国と平等の権を保有せり。

日清戦争　開戦の詔勅（一八九四年八月一日）

朝鮮は、帝国が其の始に啓誘して、列国の伍伴に就かしめたる独立の一国たり。

下関条約（一八九五年四月一七日）

第一条　清国は朝鮮国の完全無欠なる独立自主の国たることを確認す。

豆知識　日清戦争を前にした明治政府の安全保障の方針とは？

一八七〇年代〜一八八〇年にかけ、自由民権運動が活発化。一八八一年（明治一四）一〇月、明治政府は一〇年後の国会開設を天皇の名で約束しました。それから一〇年、一八九〇年（明治二三）、第一回帝国議会が開催。それは日清戦争開戦の四年前のことでした。

当時の内閣総理大臣は長州閥長老の山縣有朋（やまがたありとも）です。彼は徹底した政党政治嫌いで藩閥政治を貫こうとしたことで有名です。山縣のこの姿勢は彼の基盤母体陸軍の中で醸成され、やがてこれが発酵。昭和の政治・外交を大きく狂わせる元凶に。

ともかく、一八九〇年（明治二三）、第一回帝国議会での首相山縣有朋の施政方針演説の内容は、日清戦争を前にした当時の日本政府の安全保障方針を知る上で極めて重要です（演説の趣旨は陸海軍経費増強の必要性を強調したもの）。

「そもそも国家の独立自営の道には二通りあり、第一には主権線を守ること、第二には利益線を保護することである。この主権線とは国の境目を言い、利益線とはこの主権線の安全に密接な関係がある地域を申し上げたのである」（現代語訳）。

この演説の中で用いられた二つの言葉、主権線とは日本領土、利益線＝朝鮮半島を指します。

山縣のこの概念は彼が欧州を視察の折、ベルリンでオーストリアの国家学者シュタインの講義から学んだと言われます。ここで特に重要なのは、山縣有朋が利益線の先に想定した仮想敵国です。その国こそが、帝政ロシアでした。

日本が自国の独立を保つには、ロシアの南下政策に備え、朝鮮に独立国として踏ん張ってもらうしかない。ところがその朝鮮の独立を宗主国として拒み続けたのが清国。そのため日本政府は朝鮮独立＝日本の安全保障上の最重要課題と考え、清国と戦争という形を取ったということです。

豆知識 日本が開戦に躊躇した理由とは何？

結論から言えば、一つは清国との軍事力の差。二つ目が当時の清国が置かれた国際環境です。

当時、清国は世界から「眠れる獅子」と見られていた東洋一の大国です。対する日本は明治維新からまだ日も浅い新興国。しかも、軍事力では明らかに劣勢でした。開戦前、数字上では清国の軍事力は陸軍兵力で日本の約二・六倍、海軍艦船のトン数では約一・四倍でした。特に清国艦船には当時ドイツで製造された日本海軍にはない最新鋭の巨艦も含まれていました。これは一八八六年（明治一九）の長崎事件を例に見るまでもなく、当時の日本にとって清国海軍は脅威でした。

※長崎事件…清国の北洋艦隊（定遠、鎮遠、済遠、威遠）四隻が示威活動のため突然長崎に寄港。無断上陸した水兵が市街地で暴動を起こし日本側官憲と市街戦となった事件。

次に二つ目ですが、当時の清国は西洋列強の利権が複雑に絡み合っており、清国との無理な開戦は列強の介入を招き入れる可能性があったことです。特に厄介な存在がロシアとイギリスです。

ロシアは言うに及ばずですが、イギリスはアヘン戦争以来、清国に対して強大な利権を保持していました。そのため日清の衝突には消極的でした。

ところが、ロシアが活発な動きを見せるや、清国での自国利権保護のため動かざるを得なくなり、方針転換します。対ロシアという点で、日英の国益が完全に一致。イギリスは日本に、ロシアの南下に対する防波堤の役割を期待しました。

そこでイギリスは、積極的に日本の背中を押すことになります。『日英通商航海条約』の締結がその表れです。当条約で、イギリスは治外法権を撤廃。日清戦争の直前一八九四年（明治二七）のことでした。この条約改正は日本にとり、間違いなく開戦への大きな弾みとなりました。

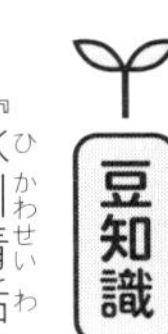

日清戦争に反対した勝海舟の想いとは何か？

『氷川清話』は晩年の勝海舟が語ったものをまとめた自叙伝です。次の文章はその自叙伝の中で、彼の日清戦争観が非常によく滲み出た部分です。

「日清戦争はおれは大反対だつたよ。なぜかつて、兄弟喧嘩だもの犬も喰はないヂやないか。たとえ日本が勝つてもドーなる。（略）支那は昔時から日本の師ではないか。それで東洋のことは東洋だけでやるに限るよ。おれなどは維新前から日清韓三国合縦の策を主唱して、支那朝鮮の海軍は日本で引受くる事を計画したものサ。今日になつて兄弟喧嘩をして、支那の内輪をサラケ出して、欧米の乗ずるところとなるくらゐのものサ。」

事実、日清戦争後の清国では、欧米列強による半植民地化が進行。特にロシアは露骨に満州を不法占拠。これに伴い、朝鮮には親露政権が誕生。勝海舟の読み通り、事は日本にとって最悪のシナリオへと進行しました。

勝海舟が提唱した『日清韓三国合縦の策』は幕末・明治において、アジアに押し寄せる列強に対し、日・清・韓の三カ国が提携しそれに対抗していくという構想です。西郷隆盛の征韓論の背景にもこの外交戦略に近いものがあったと考えられます。

勝のこの構想は、日清戦争の戦勝により崩壊します。しかし、この構想は内容を変化させながら、興亜論やアジア主義としてやがて復活します。

明治期、植木枝盛・大井憲太郎・樽井藤吉・宮崎滔天・岡倉天心らがこの思想を展開。岡倉天心の「アジアは一つ」は正にこのアジア主義を一言で言い当てた名言です。ただし、この発想は日本人の視点からのもので、日本以外のアジアとの関係構築という大きな課題は残されたままでした。

その後、この思想はしだいに変質しながら、大正から昭和初期にかけて、日本の外交姿勢や国の意思決定に大きな影響を及ぼすようになります。

豆知識　福沢諭吉の『脱亜論』とは？

明治初期、ロシアの南下政策を恐れる日本政府は、清国・朝鮮との提携を模索していました。西郷・板垣らの征韓論もその流れにあります。

ところが朝鮮は、提携はおろか近代化そのものに拒否反応を示しました。また朝鮮の独立をめぐり、華夷秩序を国是とする清国との関係は悪化の一途をたどります。福沢の『脱亜論』が世に出たのはそんな時です。それは、一八八五年（明治一八）、新聞「時事新報」社説として掲載されました。

『脱亜論』は明治政府の基本政策と重なったこともあり、当時の日本外交を理解する上で注目に値する文章です（福沢と政府とのつながりは不明）。

『脱亜論』を簡単に要約すると……。

日本は、国家・国民的規模で西洋に生じた科学技術と近代文明の受け入れを決めた。ところが支那や朝鮮は日本との精神的隔たりがあまりにも大きい。隣国同士は助け合わねばというが、現在この隣国は日本にとり助けになるどころか地理的に近いが故に欧米人から同一視されかねない危険性を持っている。これは、「日本にとって一大不幸」であり、「もはやこの二国が国際的な常識を身に付けることを期待してはならない」とします。そして、「この二国に対しても国際的な常識に従い国際法に則って接すればよい」と結論付けました。

『脱亜論』は、「脱亜入欧」と混同する人もいるようですが、彼は脱亜とは言っても入欧とは論じておらず、単純な西欧信奉者ではありませんでした。

福沢が『脱亜論』で言わんとしたことは「東アジアの悪友との絶交」もさることながら、「西洋列強侵略防止のための精神的覚悟」「アジア的な因習からの脱却」「欧米の先進技術・文明の取り入れの必要性」です。その上に立ち、その気さえあれば「欧米列強に対抗できる」という福沢なりのアジア諸国向けのアピールだったと考えられます。

朝鮮人留学生を積極的に受け入れた慶応義塾

福沢諭吉と言えば著書『学問のすゝめ』や慶応義塾の創立者として有名ですが、日本で初めて朝鮮人留学生を積極的に受け入れ、慶応義塾で学ばせたことは、意外に知られていません。

彼は自宅に朝鮮人留学生を住まわせ、近代化や世界情勢を学ばせたと言います。福沢の心の中に、恐らく同じアジア人として、近隣国朝鮮の近代化への期待や想いがあったためと考えられます。

その留学生の一人に金玉均という青年がいました。彼は慶応義塾で学び、帰国後に、独立党のリーダーとして朝鮮の近代化と自主独立を目指す運動を進めました。そして、一八八四年、クーデターを決行。親日政権を樹立させました（甲申事変）。福沢はそうした金玉均らの活動に財産を惜しみなく提供したと言います。

しかし、福沢の期待空しく朝鮮の近代化と自主独立を目指す親日政権も、清国の武力介入でもろくも崩壊します。

その後、金玉均は上海の亡命先で朝鮮王妃閔妃の刺客により暗殺されます。遺体は清国軍艦で本国朝鮮に運ばれ、身体はばらばらにされたあげく、各部ごとに民衆の前に晒されたと言います。

そうした朝鮮の現実・悪しき因習を耳にした福沢の悲しみはあまりに深く、金玉均供養のため直ちに法要を営んだと言われます。福沢が金玉均を否定した朝鮮に失望したのは言うまでもありません（＝近代化と自主独立を否定した朝鮮）。

『脱亜論』の中で福沢が述べた朝鮮の「道徳的荒廃」や「国際的な常識を身に付けることを期待してはならない」という言葉の背景にはこうした当時の朝鮮事情があったに違いありません。「時事新報」に『脱亜論』が掲載されたのは、金玉均の暗殺からちょうど一年後の春、三月のことでした。

豆知識

日清戦争の結果が極東にもたらした影響とは？

日清戦争の結果、清国内では敗北の衝撃と反省から、「変法自強運動」（「日本の明治維新をモデルに西欧型の議会政治による立憲政治をめざす」運動）が高まり、これを光緒帝は受け入れ、改革は軌道に乗るかに思われました。

ところが、皇帝の叔母にあたる保守派の西太后と軍人袁世凱の裏切りでその改革も封じ込められます（戊辰の政変）。

こうした清国の弱体化ぶりに、西欧列強は砂糖に群がる蟻の如く、清国に租借地を要求。各列強の勢力圏を設定していきます（中国の分割支配）。

まず動いたのはロシア・フランス・ドイツです。三国は清国に三国干渉での報酬を要求。ロシアは遼東半島南部の旅順、ドイツは山東半島の膠州湾、フランスは広州湾をそれぞれ租借。次いでイギリスは山東半島北東の威海衛を租借。出遅れたアメリカは、国務長官ジョン・ヘイが『門戸開放宣言』を出し、中国への経済進出の意志を提示します。

イギリスは新ライバルのドイツとの関係で、ロシアと協調体制を取らざるを得なくなり微妙な立場に。その苦肉の策が日本をロシア南下の防波堤とするための日英同盟締結（一九〇二年）でした。

こうした列強の動きに、清国内でキリスト教に反感を抱く武術・宗教団体義和団の叛乱が勃発（義和団事件・一八九九〜一九〇一年）。一九〇〇年六月、義和団は北京を占領し各国大使館を包囲。この動きに西太后は便乗し列強各国に宣戦布告。列強八ヵ国は共同出兵し約二ヵ月間でこれを鎮圧。結果、清国政府は列強各国の北京駐屯権と莫大な賠償金を支払うことになりました（『北京議定書』）。

この事件の最中、日本が最も恐れる事態が発生。ロシアが満州に一六万の兵力を投入し全域を占領。清国にこの既成事実を承認させたのです。

18 日露戦争（明治時代3）

Q なぜ、日本はロシアとの開戦に踏み切ったのか？

日露戦争とは一九〇四〜一九〇五年（明治三七〜三八）にかけて朝鮮及び満州（中国東北部）の支配権をめぐり、日本とロシアの間で争われた戦争です。

　きっかけは義和団事件以降、満州に大軍を駐留させるロシアが朝鮮半島にまでその触手を伸ばしたことです。戦況は、圧倒的軍事力を誇ったロシアが実力を発揮できぬまま、日本軍優勢で進行し、やがて停滞します。

「二〇世紀の重大事件」の一つとも言われるこの日露戦争の戦後の影響力を注視しながら、この戦争の実像に迫ってみましょう。

　ロシアは一八九五年、日清戦争後の三国干渉で、フランス・ドイツと共に日本に遼東半島返還を要求してきました。日本も西欧列強三ヵ国が相手では致し方がなく、渋々その要求を呑まざるを得ませんでした。

　ところがその直後、ロシアは清朝に対し三国干渉で助けた報酬として同半島南端の旅順・大連を租借することを要求。これに対し日本は、我慢するしかなく、「臥薪嘗胆」という言葉が当時日本人の間では流行語となりました。

　その後ロシアは旅順に軍港を建設。さらに旅順と本国とを結ぶシベリア鉄道延長計画を進行させます。この計画の完成は、極東へのロシア軍の大移動が可能になることを意味しました。

　こうした状況を見た朝鮮政府内の親露派がクーデターを決行。親日派政権は崩壊し、代わって親露派政権が樹立されました。

その直後、朝鮮国王高宗は宮殿を捨てロシア大使館内に移住。翌年、ロシアをバックに朝鮮は国号を大韓帝国と改め、高宗は初代韓国皇帝に即位します。これは、日清戦争を「朝鮮の自主・独立」を目的として戦った日本にとり、戦果がすべて水の泡となったことを意味しました。

一八九九〜一九〇〇年、清国で義和団事件（北清事変）が起こるとこの事件に便乗したロシアは満州を占領し一六万の大軍を駐留。ロシア軍の一部は鴨緑江を越え朝鮮半島に侵入しました。

日本政府はこの動きに危機感を抱き、ロシアとの政府間交渉を開始します。しかし、ロシア政府は聞く耳持たず状態で、朝鮮半島の植民地化を加速。それぱかりか、韓国政府に鴨緑江河口の漁村龍岩浦の割譲を要求し、漁港を軍港にする動きを見せます。さらに鉱山採掘権・森林伐採権、そして日本の目と鼻の先の鎮海湾への軍港建設を韓国政府に要求しました。

こうした中、日本政府は二つの外交交渉に出ます。一つは伊藤博文・井上馨らのロシアとの妥協点を探る方向。他は山縣有朋・桂太郎らのイギリスとの同盟を探る方向です（交渉は外相小村寿太郎）。結果は、伊藤が進めた日露協商交渉は失敗。外相小村の対英交渉は順調に進展しました。

一九〇二年、日本はロンドンにおいて日英同盟を締結。これにより、日本はロシアとの開戦に踏み切ることになります。同盟締結の背景として、イギリス側のロシアによる南下政策を阻止したい思惑（＝中国市場を守りたい）と、日本側の自国の独立を堅持したいという思惑、この日英両国の思惑が一致したことが挙げられます。

この同盟締結は、イギリスの「光栄ある孤立」外交の姿勢を放棄させるものでしたが、日露戦争開戦と同時に日本にとって「計り知れない恩恵」をもたらすことになります。

日露戦争の要因の一つはクリミア戦争の敗北にあった？

ロシアは高緯度に位置しており、一部を除き冬季はどの港も氷に閉ざされます。冬の間は貿易もできず、産業や国民生活に重大な支障を与えてきました。そのため「不凍港の獲得」は帝政ロシア時代からの大きな悲願でした。

ロシアがその突破口を求め、南方への進出を試みた政策が「南下政策」です。この政策を積極化したのが帝政ロシア時代です。

この時代のロシアの南下ルートには二つあり、その一つが西のバルカン・小アジアのルート。他の一つが極東ルートでした。

そこでロシアは、このルートをめぐり、まず一つ目のルート確保に挑戦。そこで目を付けたのがクリミア半島です。

ところがこの地に利権を持つオスマン・トルコ帝国とそれを支援する英・仏とロシアとの間で熾烈な戦いが勃発します（クリミア戦争・一八五三年）。　※この年、日本ではペリーの黒船が来航。

「白衣の天使」ナイチンゲールが活躍したのもこの時です。彼女の看護活動に感銘を受けたスイスの銀行家アンリ・デュナンが一八六三年、ジュネーヴに設立したのが国際赤十字社です。

またこの戦場で、英国陸軍旅団長カーディガン伯爵が、負傷兵が着やすいようにと、Vネックのセーターを切り、前開きにしてボタンでとめられるように開発したのがカーディガンだったとか。

クリミアで敗れたロシアが、次に向かった先が「極東」で沿海州を自国の領土に組み込み、幕末の一八六一年（万延二）、前述した対馬占領事件（ポサドニック号事件）を起こします。

その後もロシアは満州を占領後、朝鮮半島に触手を伸ばしました。その先にあった「東方」こそが、日本でした。そこで起きたのが日本との「日露戦争」だったというわけです。

日露戦争の戦況の進行状況は？

一九〇四年（明治三七）二月八日、日本海軍は旅順港の閉塞を決行。これにより、日露戦争の幕は切って落とされました。

戦場を見ると、日清戦争と日露戦争はほぼ重なり合っていることがわかります（朝鮮～満州）。要はこの地は、日・清・露三国にとって戦略上、非常に重要な土地だったということです。

当時のロシアの国力は日本を圧倒（国家歳入八倍）。鉄鋼生産量一〇倍以上。常備兵力約五・八倍。艦船トン数三倍。この数字だけでもロシアの軍事力の強大さが理解できるというものです。

ともかく、日露戦争はシベリア鉄道全線開通が同年九月でしたので、開戦時期としては絶妙なタイミングで日本側が起こしたということです。

当初の戦況は日本軍の勇戦で、圧倒的有利のまま進行しました（ロシア側は準備不足）。

その後も各地で激戦が展開。陸戦では旅順要塞の攻防戦と満州の奉天会戦は特に有名です。

旅順要塞攻防戦は四ヵ月にも及び、日露双方共に甚大な人的損失を出しました。特に二〇三高地争奪戦では、乃木希典（のぎまれすけ）師団長率いる、陸軍第七師団一万五〇〇〇名が五日間の戦闘で一〇〇〇名にまで激減。また、奉天（ほうてん）会戦は陸戦の「関ヶ原」に例えられ、当時、世界最大規模の会戦とも言われました。

海戦では、黄海（こうかい）海戦と対馬沖の日本海海戦が有名です。特に後者は世界の海戦史上に残る戦いとも言われ、ロシア側は戦艦六隻を含む二一隻が沈没。日本側は水雷艇三隻の損害というパーフェクトな戦いで東郷平八郎（とうごうへいはちろう）率いる日本海軍が勝利。世界を驚愕させました。ところが、なぜか戦闘は、日本軍優勢のままで小康状態に入ります。

この答えは次頁に譲ります。ともかく、結果的に、日露双方の戦いの舞台は講和会談の場へと移っていくことになります。

豆知識　開戦と同時に、戦争終結プランを立てた明治政府

日露開戦にあたり、国力の差は誰の目にも明らかでした。明治政府の指導者の優れていた点はその現実を直視し、戦争開始と同時に、戦争終結のプランを立て、外交交渉に力を注いだ点です。

　では当時、講和の仲介者となり得る国はどこだったのか。浮上したのが、日露双方に中立的立場にあり、かつ日本に好意的だった米国です。

　政府は開戦決意と同時に法務大臣金子堅太郎を特使とし米国に派遣（金子は大統領セオドア・ルーズベルトとハーバード大の同窓生）。政府は、米国こそ平和の鍵と位置付けたわけです。

　開戦後の日本軍は大方の予想に反し、多大な犠牲を払いながらも連戦連勝を重ねました。ところが戦闘は一九〇五年（明治三八）三月の奉天会戦以降、小康状態に陥ります。これこそが日露戦争の実態を非常によく表しています。

　日本側の事情を見ると、第一に弾薬を使い果たし、生産が追いつかないこと。第二に戦費を使い果たしたこと（戦費は当時の国家予算の八年分。全戦費の約四分の三は国債発行＝英国や米国ユダヤ人銀行家からの借金）。第三にシベリア鉄道の開通で、軍事バランスが崩れ始めていたことです。

　ロシア側の事情は、国内で革命運動が高揚し、厭戦気分が蔓延。この裏には情報将校明石元二郎の巧みな諜報・謀略活動がありました。

　こうした中、米国東海岸ポーツマスで、T・ルーズベルト大統領を仲介とした講和条約に向けての日露交渉が開始。日本全権小村寿太郎、対するロシア全権はセルゲイ・ウィッテでした。しかし、交渉は難航を極め、緒戦の勝利を背景に有利な条件を引き出そうとする小村。対するウィッテは負けを認めずこれからが本番気分でした。

　最終的に、一九〇五年九月、日本側が譲歩する形でポーツマス講和条約が締結されました。

豆知識 日露戦争が世界に与えた影響とは？

日露戦争における日本の奇跡の勝利は世界を驚愕させ波紋は一気に拡大。その影響は計り知れないものがありました。

その影響は、まずは列強の植民地支配下にあるアジアに現れます。白人優位の時代に終止符が打たれました（日露戦争以後の植民地は皆無）。後の独立運動指導者たちの回想録や、アジア各地から多くの留学生が日本にやってきたことからも日本への憧れと期待の高さがうかがえます。

次に、ロシアの圧政下または影響下にあった地域の人々への影響です（北欧諸国・トルコ等）。一八〇九年以降、北欧フィンランドは、ロシアの支配下にあったが、ロシアが敗北後、独立運動を起こし、一九一七年、念願の独立を達成しました。

さらに、日本の予想外の勝利は、欧米諸国に驚きと同時に、強烈なショックと日本への警戒心・恐怖心を植え付けました（当時欧米で流行した、『黄禍論』もこの現れの一つ）。

中でも最も影響を大きく受けたのが、ロシアとアメリカです。ロシアでは戦後、皇帝の力が低下し革命運動が高揚。一九一七年一一月、帝政は崩壊し、共産党独裁のソビエト連邦が誕生します。

アメリカには、日本海海戦での日本海軍のパーフェクト勝利が、日本への底知れぬ恐怖心と警戒心を植え付けたと言われます。なぜなら、海軍力は単に軍艦の数に留まらず、操船技術をも含め、その国が持つ科学力の結晶であったからです。

「海洋を征する者は世界を征する」ということわざ通り、海上の戦いは文明の戦いでもあることは、スペイン・イギリスの歴史が示すところです。アメリカが日本を警戒したのは正にこの点でした。

以後のアメリカは、日本の配慮を欠いた外交も手伝ったことで日本を敵視するようになり、これが後の太平洋戦争への大きな要因になります。

豆知識　中国人留学生が持ち帰った和製漢語が果たした役割とは？

「和製漢語」という言葉があります。そもそも漢語とは中国語の単語を指す言葉です。漢語の書物伝来は五世紀頃と推定されますが、以降日本は大量の漢字を取り入れ日本語を形成しました。

黒船来航以来、日本人は西洋文明を貪欲に吸収し、その文物・概念を漢字との組み合わせで翻訳。その過程で誕生したのが和製漢語です。

和製漢語はその後、中国人留学生により中国本土へ渡ります。現代中国語の社会科学関連語彙の六割は和製漢語という研究者の統計もあります。

人民・共和・共産・社会・民主・革命・政党・内閣・主義・思想・階級・法律・科学・哲学・医学・物理・分子・宗教・文明・世界・現代・西洋・経済・資本・市場・労働・生産・消費・独占・時間・分配・進化・健康・心理・愛情・失恋・自由・意識・観念・可憐・清楚・芸術・文化・美術・郵便。

これらの言葉はいずれも和製漢語の一例です。

中国人留学生の第一陣一三名が日本に到着したのが一八九六年（明治二九）。以降、一九三七年（昭和一二）まで、留学生の数は六万一二三〇名に達しています。特に、日露戦争開始の一九〇四年には約一三〇〇名、翌年には、八〇〇〇名が来日。統計ではこの年が、ピークだったようです。

来日した彼らは「明治維新後の日本に学ぶ」「日本を通じて西洋文明を祖国に紹介する」という、明確な使命感に燃えていました。一九〇五年（明治三八）、東京で彼らを中心に日本人有志も参加・援助のもと中国同盟会を結成。孫文（そんぶん）の掲げる三民主義を旗印に清朝打倒の革命運動を開始。後にこの組織を母体に辛亥（しんがい）革命が達成されました。

このように、和製漢語の中国逆輸入や留学生の人的交流が、中国近代化に果たした役割は多大なものがあったと考えられます。

豆知識

日露戦争後のアメリカの対日戦略の変化のきっかけとは？

当時のアメリカは中国進出という点で、他の列強に比べ出遅れていました。日露戦争での日本への好意的態度は、自国の国益をそこに見出したからに他なりません。日本もそうしたアメリカの好意の発生源に配慮があって然るべきでしたが、日本はここで経済・外交上の大失態を犯します。

ポーツマス講和会議の最中、鉄道王エドワード・ハリマンがアメリカ大統領の意向を受け来日。講和条約で日本が獲得するであろう南満州鉄道の日米共同経営案を日本に提示しました。

財政難にある日本としては願ってもないことで、政財界人の賛同のもと首相桂太郎とハリマンとの予備協定が交わされハリマンは帰米しました。

それとすれ違いにポーツマスでの交渉を終えた外相小村寿太郎が帰国。小村はこの計画を知るや、南満州鉄道の利権は日本人の多大な犠牲を払って獲得できたと主張し異議を唱えました。

結局日本政府はハリマンとの予備協定を破棄します。これは中国進出を図りたいアメリカにとり、国益を否定されたのも同然でした。

アメリカはその対抗措置としてカリフォルニアに渡った数千人の日本人移民への露骨な人種差別政策を行います。また、これと並行し対日戦略計画も練り直します。同国は日露戦争開戦直後からカラープランと呼ばれる対外戦略を国ごとに色で識別し、その国への戦略を立案していました（例、日本に対しては「オレンジ計画」）。

同プランはその後日米間の緊張の高まりと共に重要度を増し、一九三九年、新たな「レインボープランへ」と継承。計画の成果はその後の太平洋戦争で遺憾なく発揮されることになります。

ハリマン計画への日本側の拒否がアメリカの対日感情の悪化につながり、後の太平洋戦争の大きな要因になったと筆者は考えます。

19　第一次世界大戦と日本（大正時代）

Q　第一次世界大戦の開戦に対して、日本政府はどのように対応したか?

第一次世界大戦は西欧列強のドイツを中心とした三国同盟側とイギリスの三国協商側との対立を背景として起こされ、約四年余りにわたり戦われた世界的規模での戦争です。一九一四年(大正三)に勃発し、一九一八年一一月、ドイツの降伏により終結しました。

日本はこの大戦をきっかけに外交面で「世界五大国」の一つとして国際舞台に登場することになります。この節では大戦の背景と、その結果が日本の外交・内政に及ぼした影響を探求してみることにします。

一九一四年（大正三）七月、第一次世界大戦が勃発しました。しかし、極東の島国日本にとって欧州での戦争は重大な国際問題とは言え、直接的な利害関係はなく、戦争に参戦する理由はありませんでした。日本がこの戦争を欧州大戦と読んだことからも、当時の日本人の関心の低さがうかがえます。開戦当初、大隈重信(おおくましげのぶ)内閣はこの戦争に関して厳正中立を宣言しました。

しかし、間もなくイギリスから「対独武装商船攻撃に限定」しての参戦要請がありました。大隈内閣は日英同盟に基き、直ちに参戦を決定。ドイツ支配下の山東半島青島攻撃に向け準備します。

ところがここがポイントです。この日本の動きに、アメリカが敏感に反応します。日露戦争後の日米関係を理解した皆さんならおわかりですね。アメリカは日本の中国及び太平洋への進出を警戒したわけです。

アメリカの大戦参加を望むイギリスは、同国との関係を重視し、一旦、日本に要請した対独戦要請を取り下げます。そこで日本は戦闘地域を限定することで参戦の同意を取り付け、同年八月二三日、ドイツに宣戦布告します。

九月二日、英・日連合軍は中国山東半島青島に上陸します（主力は日本陸軍）。結果、一一月七日、ドイツ軍青島要塞は陥落。その後も日本軍は山東半島のドイツ支配地域をはみ出し、山東鉄道に沿って進出し、済南に至る地域を占領します。これは明らかな中国への越権行為でした。

他方、海軍は青島に停泊していたドイツ東洋艦隊を追ってドイツ植民地の南太平洋諸島へ。そしてこれらの南太平洋の島々を占領しました。こうした日本海軍の動向に、ドイツ海軍は日本海軍との海戦を避けるため、一路本国へ引き返しました。

その後イギリスは日本海軍の地中海派遣を要請。はじめ、日本はこの要請を拒否。なぜなら日英同盟の協力範囲はインドまでだったからです。ところが、ドイツ潜水艦による無差別攻撃が開始されるや、日本商船の航行にも影響が出始め、イギリスと協議し海軍の艦隊を派遣することになります。

しかし、連合国側からの日本陸軍の欧州派兵要請に対しては、日本政府は慎重で、最後まで実現することはありませんでした。

この日本の自国利害を優先した消極的姿勢が、利害関係を無視し積極的に参戦した米国との大きな差となっていきます。これが戦後の世界情勢に深く影響することになります。

また、前述の山東省での日本軍の越権行為に対する袁世凱政府の即時撤退の要求に日本政府は答えることなく、逆に新情勢に対応するためとし、日中条約の更新を要求（『対華二一ヵ条の要求』）。

こうした「火事場泥棒」的な日本の行為は欧米列強の日本への不信感・警戒心を高め、中国民衆の反日感情に火を付けることになりました。

豆知識　第一次世界大戦の原因とは？

一九世紀後半は弱肉強食の帝国主義の時代でしたが、二〇世紀に入ると欧米列強による植民地争奪戦はほぼ完了。しかし、新興国ドイツは植民地の再分割を目指し、軍備を拡大。イタリア・オーストリアと三国同盟を締結しました。この動きに警戒感を募らせたイギリスはフランス・ロシアと三国協商を結びこれに対抗する姿勢を見せます。

この頃、ヨーロッパ南部に位置するバルカン半島は様々な民族、大国の利害も絡み「ヨーロッパの火薬庫」と呼ばれる混乱状況にありました。

元々この地域はオスマン・トルコ帝国支配下にありましたが、一九〇八年、青年トルコ人革命を機に、独立運動が活発化。半島内の国々の複雑な関係も絡み合い、二度にわたる地域紛争（第一次・第二次バルカン戦争）が起きていました。

この第二次バルカン戦争の時、セルビアの宿敵ブルガリアをオーストリアが支援し、戦後セルビアとオーストリアの仲は険悪化。そこに、ボスニア地方の領有権をめぐり、両国は対立を深めます。その後、オーストリアはボスニア地方に兵を送り占領、領有を宣言。セルビア人の怒りは頂点に。

この時、ボスニア地方中心都市サラエボで当地を訪問中のオーストリア皇太子夫妻が、セルビア系民族主義者に暗殺される事件が発生しました（一九一四年六月・サラエボ事件）。これを機に、オーストリアはセルビアに宣戦布告します。

この動きに大国ロシアがセルビア支援を宣言。するとオーストリアと軍事同盟関係にあったドイツは先制攻撃とばかりに突如ベルギー経由でフランスに進撃。フランスと軍事同盟を結ぶイギリスは即ドイツに宣戦布告。トルコはドイツの同盟国側に立ち参戦。こうした欧州の国々の複雑な関係が連鎖反応を起こし、大戦への参戦国はあっという間に三〇ヵ国以上に膨れあがりました。

豆知識 大戦の転機となった出来事とは？

開戦当初は、ドイツが戦況を有利に展開。しかしその後、戦況は一進一退の膠着状態に陥ります。そこでドイツが起死回生のためとった作戦が潜水艦による無差別攻撃です（一九一六年～）。ところがこの作戦は民間や中立国船舶までも攻撃の対象としたことで国際世論を敵に回すことになります。

そして一九一七年、大戦の転機となる二つの出来事が発生。その一つが、アメリカの参戦です。

ドイツ潜水艦による無差別攻撃でイギリス客船のルシタニア号が沈没（アメリカ人一二八人も犠牲に）。この事件でアメリカ世論が沸騰。これを機に同国は連合国側に立ち参戦。膠着化していた戦線は、同国参戦で形勢が一挙に逆転します。

他の一つがロシア革命です。この革命によりロマノフ王朝が廃止。レーニン指導のボリシェビキ政権はドイツと単独講和し、戦線を離脱しました。一九一八年、同盟国側の国々が次々に降伏することで、ドイツでは動揺が広がり、ベルリンでも革命が勃発。これによりドイツでも帝政が崩壊。休戦条約調印で大戦に終止符が打たれました。

実は、この二つの大きな出来事が、戦後の世界に大きな影響を与えることになります。まずアメリカは参戦により連合国側の勝利に大きく貢献。これにより、戦後の国際社会でアメリカの影響力・発言権はアップします。同時にそれは、これまで国際社会をリードしてきた大英帝国が、その座をアメリカに明け渡したことを意味しました。

ロシア革命ですが、世界初の社会主義国家ソビエト連邦の出現は、共産主義イデオロギー（人間の平等・搾取の否定・圧政への抵抗・虐げられた者への救済）による理想社会実現という「幻想」をコミンテルンを通じて世界中に拡散。これにより、ソビエト連邦は大戦後の国際政治に多大な影響を及ぼすようになります。

豆知識　アメリカが主導する大戦後の世界の枠組みとは？

大戦後、二つの国際会議が開催され、世界の大きな枠組みが決定されていきます。

一つは、欧州の枠組みを話し合った「パリ講和会議」です（一九一九年〈大正八〉）。中心メンバーは戦勝国の英・仏・米・日・伊の五ヵ国（実質は英・仏・米三ヵ国が主導）。中でも米国は強力な発言権を発揮。対中接近を図った米国の意図で、オブザーバーとして、中国も出席できることに。

その結果がベルサイユ条約締結です。この条約でドイツは巨額で過酷な賠償金支払いが課せられることになりました（第二次世界大戦の導火線に）。

また日本は、旧ドイツ領南洋諸島の委任統治権を得、中国でのドイツ利権を継承。しかしこれが大戦中の『対華二一ヵ条の要求』と合わせ、中国民衆の排日感情に火を付け、やがてそれは五・四運動として中国全土に拡大。こうした日本の中国ナショナリズムへの理解不足が、後の日本の対中政策の大失態につながっていきます。

また、国際連盟の設立についても話し合われ、一九二〇年（大正九）一月、連盟が発足（連盟事務次長に旧五千円札肖像画新渡戸稲造（にとべいなぞう）を選出）。

二つ目は、太平洋・極東問題について米国の呼びかけで開催された「ワシントン会議」です（一九二〇年〈大正九〉）。会議のねらいは米国主導による日本封じ込めです。結果は、次の三つの条約に集約され、米国の目論見は見事成功します。

まず、四ヵ国条約の米国のねらいは日英同盟の解消。これにより日本は国際的孤立を深めることに。九ヵ国条約は中国問題に関する条約で、米国の中国進出の遅れを挽回する試みが成功（日本は山東省における旧ドイツの利権を返還）。海軍軍縮条約は海軍の主力艦保有率を決定したもので、結果的に米・英の海軍力の優位が保持されることとなりました（米・英の保有率は各五、日本が三）。

豆知識　大戦後日本と米・英との関係はどのように変化したか？

日本は、日清・日露・第一次世界大戦及びその後の国際会議において、欧米に一貫した協調路線を取り続けました。そんな日本ですが、第一次世界大戦を通し、欧米に対し外交上、いくつかのミスを犯しました。中でも最大のミスは非協力的とも言える欧州への日本陸軍の派遣拒否です。

この日本の動向が、日英同盟を結ぶ英国にとって、日本が「戦略的パートナー」としての資質に欠ける相手と映ったのは当然です。

大戦前、英国にとっての日本とは極東で自国の国益を、ロシア・ドイツから守る存在でした。ところが戦後、この両国が共に東アジアから撤退。その意味で、英国にとっての日本の役割は、一旦ここで終わったことになります。

これにより英国にとって、日本の役割も変化していきます。戦後、日本がどれだけ英国に対し表面上協調姿勢をとっても、英国が「友好とも敵対ともつかない微妙な関係」をとり続けた理由がここにあります。

米国はどうか。日露戦争時、日本は講和条約締結に向けた仲裁を米国がとったにもかかわらず、南満州鉄道の共同経営案を拒否。米国はこれを、南満州利権独占の動きと捉え、日本をライバル国（仮想敵国）と位置付けるようになりました。

そこで中国市場進出をねらう米国は大戦と前後して英国を、共通の利権を追求するパートナーと位置付け、積極的にアタック。その表れが、大戦での惜しみない大量の軍事物資支援と派兵でした。

※米国の戦死者一一万七〇〇〇人、負傷者二〇万人。

他方、日本の戦死者三〇〇人。

英国が日米どちらをパートナーに選ぶかはもはや時間の問題でした。その結果が日英同盟の解消となり、日本は英国という強力なパートナーから見放され、孤立化の第一歩を歩み始めます。

豆知識　日本と米・英との亀裂が決定的となった瞬間とは？

日本は明治維新以来、極東の優等生とし、欧米協調外交をとり続け、その結果がパリ講和会議での五大国の一員としての座席でした。この時が日本外交の絶頂期でした（一九一九〜一九二〇年）。

しかし、この会議において日本は米英中心の国際社会の現実を見せ付けられることになります。

それは国際連盟設立に向けての会合で、日本全権牧野伸顕（まきののぶあき）が国際連盟規約の中に、『人種差別撤廃条項』を盛り込むことを提案した時のことです。

条項の趣旨は「外国人に付与すべき待遇及び権利に関しては法律上並（ならび）事実上何人に対しても人種或（ある）いは国籍如何（いかん）に依（よ）り差別されない」というもの。

この背景には当時、アメリカ・カナダ・オーストラリアにおける、日本人移民に対する人種差別問題の深刻化がありました。

しかし、国際連盟加盟国で唯一の有色人種国の日本のこの提案は、世界各地に植民地を抱える白人列強諸国にとっては、「世界秩序を混乱させる」以外の何者でもない「危険思想」でした。

日本が会議で置かれた状況・立場から見て、白人諸国の人種差別の現実を問題にすることは、米・英との協調を否定することです。外交カードも、その内容・タイミングを間違えると命取りになります。

予想通り、イギリス・オーストラリアははじめから反対の立場を表明。そこで委員会最終日、規約前文に「国家平等の原則と国民の公平な処遇を約す」という一節を入れることで委員一六名中一一名の賛同を得て議案成立かと思われました。

ところが、議長国アメリカのウィルソン大統領の「重要事項の決定は全員一致、少なくとも反対なしであることを必要とする」の一言で、日本の提案は否決されました。日本と米・英の亀裂が国際舞台で初めて表面化した決定的瞬間でした。

豆知識 『ロシア革命』が日本に与えた影響とは？

一九九九年末、米国のAP通信社が世界の報道機関七一社にアンケート調査を求め、二〇世紀の一〇大ニュースを選んだ結果、第二位に選ばれたのが「ロシア革命」です。この革命は一九一七年に起きた世界初の社会主義革命で、これにより、ソビエト連邦が誕生しました（一九二二年）。

この革命とソ連の誕生は共産主義というイデオロギーに導かれた「人類の壮大な実験」でした。しかし結果は一九九一年、ソ連崩壊で幕を閉じます。

ところがこの「実験」が残した負の遺産は人類にとりあまりにも大きなものでした。ソ連崩壊後に、世界中の人々は初めてベールに包まれていた共産主義の狂気の実態に気付かされました。

共産主義の理想はともかく、その本質はテロと暴力です。一党独裁・個人崇拝を取るという点で、現象面をも含め、ファシズムと同類の全体主義という共通項でくくる研究者もいます。

ロシア革命は血みどろの革命でした。革命直後ロマノフ王朝一族をはじめ旧支配層・地主・資本家等々おびただしい人々が反革命的分子の名の下に惨殺。革命後も、粛清の嵐と飢餓により、数百万人単位の人々がその犠牲となりました。

一九一九年、ソ連共産党の指導下で、世界各国の共産党の国際組織コミンテルンが結成されます。ところがすでに欧州での革命は失敗。その挽回のため、新たな革命の場として注目したのがアジアです。特に清朝滅亡後の中国は大混乱が続き、共産主義勢力の浸透には格好の場所でした。

日本はソ連・中国と隣接する分だけ、欧米諸国に比べこの問題に、より敏感に反応せざるを得ず、国内においては治安維持法が制定され、国外においては防衛上、満蒙や対中政策がクローズアップされてきます。この時点で、日本とソ連の冷戦はすでに開始されていたという見方もできます。

豆知識　なぜ、日本は「シベリア出兵」をしたのか？

日本のシベリア出兵の概要は、一九一八〜一九二二年の四年間、欧米八ヵ国の連合軍と共にチェコスロバキア軍救出を名目に、七万三〇〇〇人を派兵（延べ二四万人）。戦病死三〇〇〇人以上。戦費約一〇億円（当時の国家予算約一年分）。

この数字だけでもシベリア出兵が、日本にとりいかに大きな出来事であったかがわかります。

日本の出兵は、英仏による日本・米国への出兵要請に始まります。日本は事前に米国と協定を締結。欧米との協調路線の下、目的と行動範囲を限定しての派兵でした（ウラジオストクに限定）。

しかし、日本の本当のねらいは、軍事上の観点からシベリアに緩衝地帯を設けたいということにあったと考えられます。その根底には、幕末以来のロシアへの恐怖心と日露戦争後のロシアの報復を恐れたという点を指摘する研究者もいます。

ソ連は日本にとって太平洋戦争終結まで常に仮想敵国でした。帝政ロシア時代は南下政策への警戒。ソビエトになっても極東での影響力を帝政ロシア以上に日本は恐れていたと考えられます。

日本軍は一九一八年八月、派兵を開始。ところが翌年、反革命軍が崩壊。そこで英・仏軍は撤退。一九二〇年には米軍も撤退。日本軍だけはシベリアに留まり、一九二二年一〇月まで駐留を継続。

日本軍の撤退が遅れたその一因は、尼港（にこう）事件への対応があったと考えられます（一九二〇年三〜五月、極東の港町尼港（ニコラエフスク）で起きた赤軍パルチザンによる住民虐殺事件。日本軍守備隊・居留民七〇〇余人を含む六〇〇〇名が犠牲）。

多くの犠牲者を出し国費を消費したシベリア出兵。しかし、この出兵は列強から国際的貢献と認められず、日本の領土的野心を警戒されるに終わっただけでした（軍の撤退が遅れたことが原因）。

豆知識

なぜ、地中海のマルタ島に旧日本海軍戦没者の墓が？

地中海マルタ島のバレッタ港を望む小高い丘の上の英国海軍墓地の中に「大日本帝国第二特務艦隊戦死者之墓」が現存します。

第一次世界大戦で、参戦した日本の活動範囲はかなり限定的でした。そんな中、唯一の例外が地中海での日本海軍による連合国輸送船舶への護衛救助作戦への参加です。

一九一七年、独国潜水艦による無差別攻撃が活発化し、連合国側の船舶に甚大な被害が続出。そこで、英国の輸送船舶護衛作戦参加への要請に応える形で日本海軍を地中海に派遣（計一八隻）。

派遣部隊は小規模ながら、不眠不休で連合国側の船舶の護衛と被害を受けた船舶の救助活動の任務に長期間にわたり就きます（護衛・救助活動船舶七八七隻、出動回数計三五〇回、救助した乗員約七〇万人）。時には、潜水艦から発射された魚雷を、日本駆逐艦が全力で突入してこれを受け、自らが犠牲となり連合国側の輸送船を守った例もありました。こうした活動に英国は日本派遣部隊を「地中海の守護神」と称賛したそうです。この活動で亡くなった日本海軍戦死者七三名はマルタ島の英国海軍墓地に埋葬されました。

一九二一年（大正一〇）四月、当時皇太子であった後の昭和天皇は欧州ご訪問の際、真っ先に訪れたのがこのマルタ島。将兵の墓碑にご参拝され、献花を供え英霊を慰められたとのことです。

時は流れ、第二次世界大戦中、独軍のマルタ包囲作戦の爆撃で慰霊碑の四分の一が欠け、戦後もそのまま荒廃した状態が続きました。一九七四年（昭和四九）、日本政府は新しくこの慰霊碑を復元。これが、現存の慰霊碑です。この復元慰霊碑完成の際、海上自衛隊が慰霊祭を行いました。

海上自衛隊では現在も練習隊の欧州派遣の際、当地で慰霊祭を開催しているそうです。

第一次世界大戦がもたらした発明品とは？

第一次世界大戦がもたらした発明品とは、と問われ何を連想しますか。戦車・飛行機・潜水艦・毒ガス等々、大部分が兵器類でしょうか。

実は、私たちの生活に密着した身近な物で、「これが？」と驚かされる意外な物があります。

まず挙げたいのがトレンチコートです。そもそもトレンチとは塹壕（ざんごう）のこと（砲撃・銃撃から身を守るための溝）。大戦中、寒冷な欧州では、戦いに対応する防水型の軍用のコートが求められました。そこで英国軍が開発した防寒具こそが、トレンチコートだったというわけです。戦後は一般のファッションとして広がりを見せました。

このコートの特徴的ディテールが襟元や手首の帯（ストラップ）、右胸の当て布（ガンフラップ）、肩章（エポートレット）、ベルトに付けられた金具（Dリング）などです。これらは単なる装飾ではなく、いずれも戦場で必要とされる様々な用途・目的から生まれたものです。

その他、意外なところで、ティッシュペーパー。これもまた、軍事利用から開発された一品です。戦争が長期化すると物資が欠乏、負傷した兵士の治療用脱脂綿もその一つ。そこで脱脂綿の代用品として登場したのが、ティッシュペーパーの原型だったとか。この、ティッシュはガスマスクのフィルターにも使われ、戦場では大活躍したそうです。今は女性のメイク落としの拭き取り紙として、平和な時代で大活躍しているというわけです。

ボールペンが登場したのもこの大戦中です。戦争で工業生産が落ち込むようになると、粗悪品の紙が出回り、その時代の要請を受け当時の筆記用具の王様、万年筆に代わり登場したのがこのボールペンの原型だったというわけです。

他にも大戦の発明品が見つかるかもしれません。興味を持たれたらぜひ調べてみてください。

豆知識　明治の日本外交が頂点に達した時、台頭し始めた思想とは？

幕末の混沌とした状況下、列強の植民地支配に危機感を抱く先人の中には、これに抗するため、「日本も欧米にならうべき」とし、海外への膨張主義を構想する人々が出現しました。薩摩藩主の島津斉彬（しまづなりあきら）や長州藩士吉田松陰（よしだしょういん）はその代表格です。

やがて、明治に入るとこうした流れの中から、興亜論・アジア主義と呼ばれる主張や理念が誕生。アジア主義には明確な定義はないようですが「欧米列強のアジア侵略への抵抗」や「アジア諸民族との連携」という点は共通しています。ただし、この思想は時代の情勢で変質していきます。

明治初期の日本は列強との不平等条約下にあったこともあり、欧米植民地主義下にあった他のアジア諸国と近い立場にありました。そんな中で萌芽したアジア主義が、他のアジア諸民族に援助の手と、連携を求めたのは自然です。

しかし、欧米諸国に文明国として認められたい、その一心で時の明治政府は「脱亜入欧」「文明開化」路線を取っていたこともあり、このアジア主義思想と距離を置き標榜することはありませんでした。むしろ、この思想を受け継いだのは政府ではなく、民間人や民間の政治団体でした。

その後、この思想が大きく変質していく分岐点は、日清・日露戦争から第一次世界大戦にかけてです。これらの戦争を通し、日本は戦勝国となったことで元来この思想にあった平等・連携・平和協調理念は剥がれ落ち、代わって日本の優位性が頭をもたげ始めます。特に第一次世界大戦後の日本は「五大国」として国際舞台で評価され、日本外交の絶頂期であったことも見逃せません。

やがてこうした情勢を背景に、列強を手本とし、国益重視・拡大膨張を前面に押し出す「大アジア主義」が出現。この思想・運動に関与した人物が頭山満（とうやまみつる）・北一輝（きたいっき）・大川周明（おおかわしゅうめい）です。

第六章

アジア主義の台頭と大日本帝国の崩壊

	昭和時代（前期）の主な出来事	
	日本の出来事	世界の出来事
昭和時代	1926 年　大正天皇崩御。昭和天皇即位	1926 年　中国国民党蒋介石，北伐開始
	1927 年　金融恐慌。山東出兵	第二次南京事件　↓
	1928 年　張作霖爆殺事件	1928 年　パリ不戦条約。　北伐完了
		1929 年　世界恐慌
	1930 年　昭和恐慌。 統帥権干犯問題 → 浜口首相狙撃	1930 年　ロンドン海軍軍縮会議
	1931 年　柳条湖事件 → 満州事変	1931 年　国際連盟リットン調査団派遣
	1932 年　五・一五事件 → 犬養毅首相殺害	1932 年　オタワ会議（ブロック経済形成）
	1933 年　満州国建国宣言。国際連盟脱退 塘沽協定	1933 年　ドイツ，ヒトラー政権誕生 アメリカ,ルーズベルト政権誕生
	1935 年　華北分離工作	1935 年　第七回コミンテルン大会
	1936 年　二・二六事件	1936 年　西安事件 スペイン内戦（～ 1939 年） ベルリンオリンピック開催
	1937 年　盧溝橋事件。第二次上海事変 → 日中戦争勃発。南京占領	1937 年　ドイツ空軍 → ゲルニカ空襲
	1938 年　「東亜新秩序建設」政府声明発表	
	1939 年 5 月　ノモンハン事件（～ 9 月）	1939 年 7 月　米が日米通商航海条約破棄を通告 8 月　独ソ不可侵条約締結
	1940 年　日独伊三国同盟締結	9 月　第二次世界大戦 勃発
	1941 年 4 月　日米交渉開始。日ソ中立条約	1941 年 2 月　米が中国へ資金援助開始
	6 月　石油買い付け交渉が決裂 関東軍特別演習	6 月　独ソ戦開始
	7 月　日本軍南部仏印進駐	
	10 月　東条内閣発足	
	11 月　米国が「ハル・ノート」提示	
	12 月　太平洋戦争 勃発	
	1942 年 6 月　ミッドウェー海戦敗北	
	8 月　ガダルカナル島争奪戦大敗	1943 年　イタリア降伏
	1944 年 6 月　サイパン島陥落	
	7 月　マリアナ諸島陥落	
	8 月　フィリピン争奪戦	
	10 月　レイテ沖海戦敗北	
	1945 年 2 月　硫黄島攻防戦敗北	1945 年 2 月　ヤルタ会談
	3 月　東京大空襲	
	5 月　沖縄戦	5 月　ドイツ降伏
	8 月　広島・長崎 原爆投下 ソ連参戦。ポツダム宣言受諾	

20　世界恐慌と日本（昭和時代1）

Q　世界恐慌は日本にどのような影響を及ぼしていくのか？

昭和時代とは、昭和天皇在位期間の一九二六年（昭和元）から一九八九年（昭和六四）を指します。その中で、太平洋戦争（大東亜戦争）終結までの期間を、「戦前」としてここでは扱います。

大正時代後半に発生した経済不況は、昭和の始まりと共に金融恐慌や世界恐慌の大波を受け、ますます拡大し深刻化します。そうした社会背景をバックに国内では軍部が台頭。その流れの中で、一九三六年（昭和一一）の二・二六事件を引き金に、軍部が政治の主導権を掌握します。

国外では一九三一年（昭和六）の満州事変をきっかけに、日本は国際社会からの孤立を深めていきます。この節では、こうした事象の背景となった世界恐慌が日本に与えた影響を探っていきます。

一九二六年（大正一五）一二月、昭和天皇が即位されて、元号も大正から昭和へと移り、「激動の時代」の幕が切って落とされました。

この頃の日本は、第一次世界大戦後の戦後恐慌と、関東大震災、そこに金融恐慌が重なり、さらに世界恐慌（一九二九年〈昭和四〉）の大波が押し寄せてきました。

この時、米英がとった政策が、極端な保護主義的貿易政策です（ブロック経済）。こうした政策は資源を持たない日本に致命的な打撃を与え、これが昭和恐慌につながっていきました。

都市では企業の倒産と失業者が増大し、農村では、主要品目の米とマユの価格が暴落、深刻な社会状況になりました。そんな折も折、一九三一年

（昭和六）、東北地方が冷害に襲われ、その経済的深刻さにさらに追い打ちをかけました。ところが、時の政府はこうした現状に有効な手段を講じることができませんでした。

こうした深刻な状況に敏感に反応したのが、軍部の青年将校たちです。特に陸軍にとって農村は「兵士の大きな供給源」であり、その窮状は軍そのものの死活問題だったからです。

やがて現状に不満を募らせた青年将校らは、政党政治や財界に怒りの矛先を向け始めます。これが五・一五事件（一九三二年〈昭和七〉）や二・二六事件（一九三六年〈昭和一一〉）といったクーデター未遂事件となって表面化。軍部の台頭やその後の暴走へと結びつき、日本を戦争のドロ沼に引きずり込む元凶となっていきました。

実は、こうした軍部の暴走を熱狂的に支持したのは多くの国民で、それを煽ったのが新聞等のマスコミでした。軍部の動きのみならず、こうした側面もあったことを忘れてはいけません。

このような国民世論の背景には、たとえ軍事力を使っても、大陸で勢力を拡大することが農村の窮状と日本を救うことにつながる、と多くの国民が錯覚したという状況がありました。

また、意外に思われるかもしれませんが、こうした軍部の台頭を政党政治が助けたという側面もあります。それは、国民世論とそれを煽ったマスコミが作り出した当時の空気に政党政治家が抗えなかったという面です。

しかし、それ以上に軍部の台頭を助けたという意味で、政党政治は重大なミスを犯しました。それは、日本が英・米・仏・伊の各国と締結したロンドン海軍軍縮条約に端を発する『統帥権干犯問題』です（一九三〇年〈昭和五〉）。

この問題をめぐる帝国議会での与野党の攻防が、軍部の暴走を助けてしまったということです。では、この点を次頁で詳しく検討していきましょう。

豆知識

政党政治が軍部の暴走を助けた？

いつの時代でも軍は国家にとり危険な存在です。それを取り除くため、近代国家では文民統制（政府による軍の統制）が重視されます。明治国家でもこの大原則は基本的に維持されていました。

ただし、明治憲法下でのシステムは少々複雑で、軍を管理する権限は政府にはなく、天皇にありました。この天皇の権限を「統帥権」と言います。

一九三〇年（昭和五）、ロンドン海軍軍縮会議で保有艦の制限についての話し合いが行われました。この会議で、日本は大幅な軍縮を迫られましたが、政府は協調外交を基本に軍縮条約を締結しました。

当時の政権与党は立憲民政党。野党憲政政友会はこの時とばかり、与党を攻撃する材料に使ったのが、この天皇の統帥権です。憲政政友会総裁の犬養毅（いぬかいつよし）は「政府が勝手に軍縮条約を締結したのは、統帥権の干犯である」（要は「軍は天皇の直属であり、「政府が勝手に軍縮条約を締結するのはおかしい」という論法）と攻撃。この統帥権の干犯という餌に食い付いたのが軍部です。「政府の軍縮条約締結は天皇の統帥権を干犯する憲法違反だ」と野党と歩調を合わせ政府を攻撃しました。

明治憲法が持つ欠陥（軍は政府・議会の管理下にない）を軍部に気付かせるきっかけを作った張本人は、なんと政党政治そのものでした。そのきっかけこそがこの『統帥権干犯問題』でした。

この問題が、帝国議会で取り上げられて以降、軍部は事あるごとに統帥権を盾に、政府を無視する姿勢を見せ、実質的に政府による軍部の監督は不可能になりました。結果的に、これが、政党政治自らの首を絞める自殺行為となりました。

やがて、こうした陸軍上層部の政府を無視する姿勢が空気として、関東軍中堅参謀将校たちにも感染。「満州事変」という典型的な軍の暴走を引き起こす大きな要因となりました。

豆知識 世界恐慌脱出のため欧米諸国がとった動きとは？

大戦中、空前の好景気を見せた米国もヨーロッパが復興に向かうと同時に景気は下降線に。そうした中、米国の国内では輸入制限で自国産業を保護しようとする動きが台頭。一九二九年六月、連邦議会では、関税を高くし、外国製品を米国市場から追い出すことで、自らの利益を守ろうとする高率関税法案をめぐり紛糾（スムート・ホーリー法）。

この法案の議会通過をめぐる瀬戸際の状況が株式市場を刺激。ウォール街の株価が大暴落します（一九二九年一〇月二四日）。これを機に世界恐慌が勃発（米国は自由貿易を自ら放棄）。

これに対し英仏をはじめ欧州各国が直ちに対抗措置に出ます。これにより米国の輸出入は半分以下に落ち込み、世界全体も貿易不振に。こうして恐慌はどんどん深刻化していきました。

一九三二年、英国連邦はカナダのオタワで会議を開催（オタワ会議）。正式にブロック経済を行うことを決定。これは世界の四分の一が英国連邦のブロックに囲い込まれたことを意味しました。

こうした状況下で生き残れるのは、植民地や自国資源がある自給自足経済が可能な国だけです。この点でピンチに立たされたのが独・伊のような持たざる国です。特に独国は世界大戦で全植民地を失い巨額の賠償金が課せられていました。

こうした、超インフレ・大量失業者の経済的苦境に喘ぐドイツで台頭したのがヒトラー率いるナチス（国家社会主義ドイツ労働者党）でした。彼は賠償金支払い拒否・社会主義的政策を大方針に掲げ、政権を掌握。国民の圧倒的支持の下「自給自足可能な国家建設」のための戦争に備え始めます。

伊国も同様で、ムッソリーニ率いるファシスト党が政権を掌握。このような、独・伊で見られた、大衆の熱狂に支えられた全体主義的な一党独裁政治体制をファシズムと言います。

豆知識

ナチスはどのようにしてドイツ国民の心を掴んだのか？

世界恐慌はドイツに絶望的ダメージを与えました（失業者数六二〇万人、失業率四〇％）。ところが政府・議会は有効な政策を打ち出せず、国民の不安と不満が募る中、政治の中央舞台に踊り出たのがアドルフ・ヒトラー率いるナチスです。

同党は「議会の無能さ・ベルサイユ条約廃棄・大ドイツ帝国建設」を国民に宣伝。結果、一九三三年、総選挙で第一党となりヒトラーは首相に就任。

直後、国会議事堂が炎上。ナチスはこれを共産党員による放火とし同党を大弾圧。さらに議会でナチスに法律の制定権を与える全権委任法を制定。翌年ヒトラーは総統としてドイツ第三帝国国家元首のポストに就任。また親衛隊・秘密国家警察をナチスの実行部隊とし独裁体制作りを強化しました。

ナチスは政策を矢継ぎ早に打ち出し実行。ワイマール憲法停止、ナチス以外の政党の解散、労働・社会主義運動への弾圧、ユダヤ人への迫害、強制収容所の設置、再軍備の強化を実行します。

同時に魅力的な政策を計画的に準備し国民に提供。代表格がライヒス・アウトバーン（ドイツ帝国高速自動車道路）計画と呼ばれる国営事業による失業者吸収です。結果、一九三八年末まで三〇〇〇㎞の高速道路が出現し、失業者は激減しました。

さらに同計画と自動車産業の育成を結び付け「一家に一台フォルクスワーゲン（国民車）」をスローガンに、自動車産業を育成。結果、失業問題と不況を克服し、ドイツ経済は一挙に好転しました。

その他の政策では、中小企業への積極的融資、大企業への増税と労働者への減税、零細農家の救済、労働者への環境整備（医療・更生・娯楽）等々。さらに国民へのガン検診、禁煙運動、メタボ対策、有害食品の制限、少子化対策、アスベスト禁止が挙げられます。こうした政策によりナチスはたちどころにドイツ国民の心を鷲づかみにしました。

豆知識 日本は中国内戦にどのように引きずり込まれたの？

二〇世紀初頭の中国は一九一一年の辛亥革命を機に清朝が倒れ、時を経ず満州の奉天政府（張作霖）、華北の北京政府（袁世凱）、華南の広東政府（国民党孫文）の三大勢力に分裂。地方には大小軍閥が乱立し政治的混乱の様子を呈していました。そこに訪れた大転機が袁世凱と孫文の死去です。

この混乱に目を付けたのがソ連のコミンテルン（世界共産党）です。彼らは、欧州の共産化に失敗するや運動の方向を東アジアに向け、同時に世界各地に運動の拠点（支部）作りを始めます。

孫文の後継者蒋介石は国民党軍総司令に任命されるや一九二六年七月、一〇万の大軍を引き連れて北伐と呼ばれる軍事行動を開始（中国全土の統一作戦）。広東をスタートし破竹の勢いで北進。この頃、国民党は路線対立で左右に分裂。左派と共産党は、広東から武漢に根拠地を移動（武漢政府）。コミンテルンは武漢政府に、右派との闘争を指示（武漢政府は蒋介石から総司令の地位を剥奪）。

しかし蒋介石はこれを無視し北伐を続行し南京を占領。北伐軍は当初平和裏に南京に入城しますが間もなく軍人・民衆が暴徒化し各国領事館を襲撃。外国人居住区にも乱入し暴行・略奪・破壊を行い大惨事となりました（南京事件）。

勢いに乗る北伐軍は、華北の山東半島に迫ります。こうした状況下、前述の南京事件を踏まえ、当時の田中義一首相は山東出兵の決断を下します（一九二七年〈昭和二年〉）。しかし、条約上の既得権益維持や在留邦人保護を目的とした正当な理由でも派兵への中国民衆の受け止め方は別問題です。

山東出兵は、当時の日本の、中国の国民感情への配慮の希薄さ、既得権益維持へのこだわりが最もよく現れた典型的な例です。

こうして日本は中国というドロ沼にはまり込む原因を自ら作っていったのです。

21 満州事変と日中戦争（昭和時代2）

Q 関東軍が起こした満州事変の動機は何か？

一九三一年（昭和六）九月一八日、満州の奉天郊外柳条湖付近で南満州鉄道の線路が爆破されました（柳条湖事件）。

これを、現地日本軍（関東軍）は、満州奉天の軍閥張学良の仕業とし、満州全土で軍事行動を展開し、占領しました（満州事変）。

この時点で、事件が一九四五年（昭和二〇）の日本の壊滅的敗戦に至る一連の戦争に連なるとは、誰も予想できませんでした。

当初、日本政府は戦争不拡大を閣議決定したものの、五・一五事件（犬養首相暗殺）後は関東軍の軍事行動を追認。結果、満州国建国に至ります。満州事変は中国国民党政府との塘沽協定により、一応の決着を見ます（一九三三年〈昭和八〉）。

ところが一九三七年（昭和一二）八月一三日、上海で突然日本軍と中国国民党軍が衝突します（第二次上海事変）。これを契機に日中戦争が勃発。太平洋戦争への「負の連鎖」へと連なります。

実は、この一連の満州での軍事行動は、関東軍作戦参謀の石原莞爾中佐らによる事前の綿密な計画の上で実行された「自作自演」のものでした。翌年三月には、清朝最後の皇帝溥儀を執政とした満州国の建国が宣言されます。

この事件の背景には何があったのでしょうか。まず一つ目に挙げておきたいのが、当時の日本陸軍の国防的視点に立った、ソ連「五か年計画」に伴う極東ソ連軍の軍事力強化への危惧です。ソ連軍と直接対峙する現地関東軍は、このソ連の軍事的脅威に対し、安全保障上の防衛的観点から、かなりの危機感を募らせていました。

二つ目は、満州で日本が持つ権益を張学良軍閥が無視したことにより、日本人居留民の生命財産が危険に曝されていたということへの危惧です。

日露戦争後のポーツマス条約により、南満州鉄道及びそれに付随する経済的利権を日本はロシアから譲渡され、清国もこれを承認していました。それに伴い関連する日本企業が進出。多くの日本人関係者と家族が満州に移住していました。

ところが一九二八年（昭和三）、蔣介石の国民政府は満州に関連する条約破棄を一方的に宣言。するとこれに呼応し国民政府から独自性を保持してきた軍閥張学良が国民政府に合流。そのことで、満州での排日・反日運動が激化していました。

三点目は、当時の日本が深刻な経済不況にあったことです。そんな中で満州は「景気回復の女神」として、国民の注目が集まっていました。

ところが、このような国内外の経済的危機状況に、浜口内閣や若槻内閣は有効な手を打てず、国民の間ではしだいに政党政治への批判が噴出していきます。折も折、軍部の中にはこうした政党政治に不満と行き詰まりを感じ、現状を力で打破しようとする動きが始まっていました。

それが、国内では軍部を中心とした強力な政治を求める動きとなり噴出します（五・一五事件や二・二六事件）。

また、国外では政府の協調外交に対し、軍事力発動を手段とした日本の国益を追求する動きも始まります。それが具体化され、「満州事変」という形となって爆発したというわけです。

こうした軍部を中心とした現状打破の動きは、その後もマグマのように噴出していきます。

この節では、これらの大きな歴史的転機ともなった満州事変を中心に、日中戦争との関連をも含め、その背景や原因・影響等を探っていきます。

豆知識　満州事変のキーマン石原莞爾の『世界最終戦論』とは？

第一次世界大戦後を境に日本は欧米との協調外交を基本にしつつも、中国大陸への関与を深めていきます。こうした日本の姿勢が米英との亀裂をしだいに深めることに。そんな中国大陸への深入りを決定的にした第一歩が満州事変で、この事件のキーマンこそが石原莞爾その人です。

彼は著書『世界最終戦論』で、「今後三〇年の間に人類の覇権をめぐる決戦がおこり、世界は永久平和を迎える」と論述。その決戦は最終戦争であり「王道と覇道」（日本中心の東亜グループと米国中心の白人諸国グループ）の戦いであるとします。

そのために彼は、「将来の対米戦」の前提として「対ソ戦勝利」を位置付け、これらの戦争に備え「満州を基盤に国力を整える」としました。

そして、この戦争の必要条件として彼が挙げたのが「東亜諸民族の団結」でした。これはアジア主義の主張そのものです。

また、資源のない日本が満州と経済ブロックを組むことも満州国建設の主要なねらいでした。

ところが自給自足経済圏建設のはずだった日満ブロックも、満州からの重要資源確保が不十分と感じた石原の部下たちは、満州に隣接する華北への侵出を模索します（「華北分離工作」）。

石原はこうした動きに対し、中国本土に関心を抱く米英を刺激し、また対ソ戦略上不利と捉え止めに入ります。ところが部下から「閣下が満州事変でやったのと同じことをしようとしているだけです」と言われ、説得は不発に終わりました。

この動きは中国側を大いに刺激し、最終的にこれが日中全面戦争への契機となっていきます。

石原はアジア主義の立場から中国国民党政府との和平工作に奔走しますが、対中国強硬姿勢の軍上層部の中で彼は孤立。停戦工作も失敗に終わり、彼自身が軍を去ることになりました。

豆知識

「満蒙は我が国の生命線」発言の松岡洋右と石原莞爾との接点とは?

表題の言葉は、一九三一年(昭和六)一月、第五九回帝国議会で野党政友会の議員松岡洋右(まつおかようすけ)が述べたものです。この発言は当時の浜口内閣の外相幣原喜重郎(しではらきじゅうろう)の協調外交を批判する演説の中で用いられました。やがてこれは政府のスローガンとなり日本社会に拡散。満州事変が同年九月に勃発。

松岡洋右と石原莞爾は二つの接点がありました。一つは満州と密接な関わりを持つという点。今一つは共に熱狂的なアジア主義者であった点です。

満州という接点に関して石原は言うに及ばず、松岡は南満州鉄道(満鉄)の理事・副総裁を歴任。その意味で彼の口から表題の言葉が帝国議会で発言されたことはごく自然な成り行きです。

石原と松岡は二人三脚のような関係で、満州事変を起こした当事者が石原なら、この事件の後始末を外交面で付けたのが松岡でした。

松岡は満州事変後、国際連盟全権代表として派遣され、日本の連盟脱退を堂々と宣言し、会場を去ったことでも有名です。これは日本が国際社会から孤立する道を自ら選択したことを意味しました。

さらに彼は、外務大臣として日独伊三国軍事同盟と、日ソ中立条約を締結したことでも、日本の外交史に汚点を残します。これら条約締結の松岡の意図は「日米戦争を避けるため」で、米国が日本に手出しできない状況を作り出すことにあり、彼が構想した日独伊ソ四ヵ国同盟のための一環でした。

しかし、この構想は独ソ戦の開始で脆くも崩壊。それのみか独伊との軍事同盟はファシズム国家との連携を意味し、米英との決定的亀裂となり太平洋戦争への呼び水となってしまいました。

なお、アジア主義の集大成とも言うべき「大東亜共栄圏」という言葉を初めて公式談話として発表したのも松岡洋右でした(一九四〇年八月一日)。

豆知識

満州事変がこれまでの日本軍の軍事行動と大きく異なる点は？

満州事変は日本の歴史を狂わす第一歩となります。その影響は計り知れませんが、注目点は、日本が明治以来築き上げていた近代国家としての軍の統制に大きな風穴を開けてしまった点です。

どの時代でも軍は国家にとり危険な存在です。それを取り除くため、近代国家では文民統制が重視されます。明治国家でもこの大原則は基本的に維持されてきました（前節の豆知識「政党政治が軍部の暴走を助けた？」を参照）。

ところが、事変が勃発すると深刻な不況に喘ぐ日本国民の多くは「満州の権益は日露戦争で同胞が血を代償に勝ち得たもの」「満州は景気回復の女神」と、関東軍の行動を歓迎。マスコミは戦争熱を煽り、政府が軍の行動を追認せざるを得ない空気が日本国内に蔓延しました。

しかし理由はどうあれ、関東軍の軍事行動は明らかに文民統制を逸脱した行為のみならず、「統帥権」そのものを犯す重大行為でした。

この満州事変は、陸軍上層部の政府を無視する姿勢が空気として関東軍の現地中堅参謀将校たちに感染し、暴走を引き起こした典型的な例です。

同じ海外での軍事行動でも、日清・日露戦争や山東出兵と満州事変は大きな相違点があります。満州事変以前、海外での軍事行動はすべて政府・軍中央の管轄下で行われてきました。

ところが満州事変は、関東軍という出先機関が独断で動き起こした事件でした。しかも責任者の処分は全くなく、それどころか事件当時の首謀者関東軍参謀の石原莞爾中佐は、本国召還後、中将にまで昇進しています。

こうした「結果オーライ」的現地軍の下剋上的行動が、「軍部の独断専行」を黙認するという先例を作り、やがてそれが、「昭和の悲劇」につながっていったという点は見逃すことができません。

豆知識 日本が「協調外交」路線を放棄した経緯とは？

満州事変直後、中国は日本を国際連盟に提訴。これを受け連盟理事会は「日本軍部隊の満鉄附属地への撤退」勧告決議を採択（一九三一年九月）。

当時の若槻内閣は軍部の「満州での軍事行動は自衛のため」の主張に疑念を持ちつつもこれを黙認。ただし事変の拡大を恐れ、不拡大方針を閣議決定。しかし、現地関東軍は政府の方針を無視し戦線を拡大。軍の統制が取れなくなった若槻内閣は同年一二月、総辞職。これに代わり犬養内閣が発足。

欧米諸国でこの事件に強く反発したのが米国。国務長官スチムソンは日本の軍事行動を九ヵ国条約及び不戦条約違反との声明を発表。ただし、実力行使には出ず、イギリスは黙認します。

この時点では論理上「中国本土と満州は別物」（満州は満州族の土地、境界線は万里の長城）という考え方が入り込む余地が残されていました。ともかく、軍の独走に対し首相犬養毅は批判的で、満州国建国を認めず、暗殺されました（五・一五事件）。

その後、国際連盟はリットン調査団を現地に派遣。一九三二年一〇月、同調査団は連盟理事会に報告書を提出。内容は関東軍の行動を自衛とは認めませんでしたが、満州における日本の権益を尊重。日本にとって比較的緩やかなものでした。

こうした問題が連盟理事会で話し合われている最中の一九三三年一月、関東軍は熱河省（ねっかしょう）で新たな軍事行動を開始。万里の長城を越えて河北省に軍を進めました（熱河作戦）。この出来事で日本は一挙に国際的信用を失います。同年二月、連盟では日本に対し、より厳しい新たな勧告書が審議され、賛成四二、反対一（日本）、棄権一で可決。日本は翌三月、国際連盟を脱退します。

これにより日本は明治以来の「協調外交」路線（脱亜入欧）を捨て、国際的孤立の道を歩む一歩を大きく踏み出すことになりました。

豆知識　蒋介石国民党の対日戦略の転換点とは？

満州事変当時の中国は蒋介石国民党の政権下にありましたが各地には軍閥が割拠。また、ソ連指導下の中国共産党は国民党にとり最大の敵対的存在で、内乱の最大要因でした。

満州事変が勃発すると、中国政府は直ちに国際連盟に提訴。他方、国民党傘下に入った満州軍閥張学良は事変後、熱河省を舞台に散発的に抗日の軍事行動を見せていました。

これに対し関東軍は熱河省制圧に着手（熱河作戦）。長城線を越えて戦線を中国本土の河北省に拡大。これらの関東軍の軍事行動は国際世論の批判の的となり、中国側を大いに刺激しました。

このような日本軍の動きに国民党政府は、ひとまず日本軍の進撃を食い止めるため、日本側の条件を受け入れ停戦に合意します（「塘沽協定」締結）。当時の蒋介石の基本戦略は、「安内攘外」（まず共産軍を殲滅させることが第一）で、そのための妥協でした。この結果、日中両軍の軍事行動は停止し、事実上満州事変は終結。日本と国民党政府との関係は一旦改善の方向へ向かいます。

協定締結後、国民党軍八〇万は、共産党軍一五万を本格的に包囲し殲滅する作戦に乗り出します。結果、共産党軍は大ピンチに陥り各地のソビエト地区を放棄し延安に逃れます（「長征」）。

この共産党の大ピンチを救ったのが、一九三六年（昭和一一）一二月の西安事件です。

これは対共産党軍作戦督促のために西安にやって来た蒋介石を、張学良が監禁した事件です（内戦停止・抗日戦を要求）。共産党周恩来の調停で蒋介石を釈放。これを契機に第二次国共合作がなされ抗日民族統一戦線が結成されました。

蒋介石は南京に戻るや内戦を停止。党の基本戦略「安内攘外」を見直し、対共産党政策及び対日政策が一八〇度転換されることになりました。

豆知識

日中戦争「ドロ沼」への道はどのように引かれたのか?

関東軍は、塘沽協定後、満州国の外側に緩衝地帯をつくるという名目で、華北五省を政治的に切り離す政治工作に出ます（華北分離工作）。結果、親日的地方軍閥による自治政権「冀東防共自治政府」が誕生。この動きは中国側の大反発を招きます。

一九三七年（昭和一二）七月、北京郊外で日中両軍の突発的軍事衝突が発生（盧溝橋事件）。その後の停戦協定にもかかわらず、約一ヵ月後、今度は上海で日中両軍が軍事衝突（第二次上海事変）。

この事件は「日中戦争の導火線」とも位置付けられる戦闘行為で、約三万の国民党政府軍が上海を包囲し、突如日本人租界に攻撃を開始。これに対し、上海共同租界警備の日本海軍陸戦隊二二〇〇名が応戦。中国側は碇泊中の日本艦船、日本領事館、市街地を無差別に爆撃。外国人・中国人を含め多数の民間人死傷者が出ました。当時、ドイツの強力な軍事支援（含、軍事顧問）を受けていた蒋介石は英米の停戦協定の仲立ちを拒否。対日全面戦争を明確に打ち出しました。

当初苦戦を強いられた日本軍も順次増援部隊の派兵により形勢は逆転。敗走する国民党政府軍を追い首都南京へと軍を進めました。

この間も日本は戦争の早期終結を模索。陸軍不拡大派石原莞爾らは同年一一月から、ドイツ駐華大使を通じ日中和平工作に（トラウトマン工作）。

しかし同年一二月、日本軍の南京占領で日本国民は戦勝ムードに沸騰。開戦による軍事産業の景気は国民の好戦気分に拍車をかけました。この空気を背景に近衛内閣は和平交渉条件のハードルをアップ。中国側の対応に業を煮やす近衛は翌年一月、「国民政府を相手とせず」の政府声明を発表。

結果、交渉は失敗。蒋介石は首都を重慶に移し徹底抗戦を宣言。これにより戦線は拡大。日本は戦争のドロ沼にはまり込み抜け出せなくなりました。

豆知識 日中戦争拡大を一番歓迎したのは誰？

日中戦争は「東アジアにおける多くの国家の利害関係を反映」した戦争で、日・中の関係だけで見るのは、戦争の本質を見失う危険性があります。

当時、日本にとっての最大の脅威・仮想敵国はソ連でした。一方のソ連は、極東での現状維持が精一杯でしたが、経済五か年計画後、国力の増大で兵力を増強し始めます。特にヒトラーが政権を掌握した一九三三年以降、日・独という東西両面の敵は、ソ連にとり国防上極めて重大な問題で、極東の防衛は死活問題として急浮上していました。

一九三五年（昭和一〇）の第七回コミンテルン大会で、ソ連防衛のための人民戦線戦術を採択。この指令を受け中国共産党は抗日民族統一戦線の構築を図ります。この流れの中で起きたのが翌年の西安事件。これにより国民党と共産党との間で、「内戦停止・一致抗日」の合意が成立しました。

その翌年七月、盧溝橋事件が勃発。夜間演習中、何者かが日本軍に発砲。その発砲が誰の手によるものか真相は闇の中ですが、日中間の紛争拡大を歓迎した者の仕業であることだけは確かです。

上海事変勃発を発端に始まった日中全面戦争は、前述のようにソ連にとって、はなはだ都合のよい状況でした。日本は日中間の紛争を望んでいませんでした。当初の中国国民党政府にとっても、この点では同様でした。では、これを誰が一番望んでいたのでしょうか。

日中戦争勃発と同時にソ連は中国国民政府と相互不可侵条約を締結し、軍事顧問を派遣し武器を供与します。そのねらいは極東防衛のための中国軍の抵抗力維持と日本軍の消耗にありました。また、あわよくば日本と英米とを対立させる方向に展開できればソ連にとりベストでした。

この意味で日中戦争のドロ沼化にソ連の思惑が大きく関わっていたことは確実に思われます。

豆知識

米国を中国支援に駆り立てた契機は何か？

米国の外交政策の基本は「孤立主義」でした。これは満州事変勃発時、不承認主義を表明したに止まり、満州国建国の際も、具体的行動に出なかったことからもわかります。それは対日総貿易量・海外投資量の割合が中国を上回り、経済上得策ではないとの判断が働いたためと考えられます。

一九三三年、親中姿勢のF・ルーズベルト政権が成立。同政権は一九三五年に中立法を制定し、「交戦国に対する武器輸出や借款の貸与を禁止」。

一九三七年八月の上海事変勃発に際し、彼は隔離演説を行い日本を暗に非難。しかし、米国世論は日中戦争介入に同調しませんでした。また、日中両国が宣戦布告を出さなかったことで、中立法は適用されず特別の行動は取りませんでした。

一九三八年（昭和一三）一一月、近衛内閣は「東亜新秩序建設」の政府声明を発表。同年一一月、この声明の趣旨を有田外相は外国人記者に「日・満・支経済ブロックの結成」と表明。この新体制達成のため「第三国の経済活動は制限される」と説明。

この構想は一九四〇年（昭和一五）夏、「大東亜共栄圏」構想に結実（「日本を盟主とする、東アジア・東南アジア・南太平洋を含む国家・地域連合）。

しかしこの声明で米国の中立政策は一変。なぜなら、「九ヵ国条約を基礎にするアメリカのアジア権益を全面否定するものと認識」したからです。

この声明を受け、米国は直ちに経済面から対日報復措置を開始。翌年（昭和一四）二月、中国国民党政府に対し、二五〇〇万ドルの借款を供与。四月には、日本の南方進出に対処するための軍事作戦計画を立案（レインボー作戦）。七月には、日米通商航海条約の破棄を日本に通告してきます。

こうして米国は、これまで不介入だった日中戦争に、軍事・経済面で本格的に中国支援の方向に大転換。本格的な戦争介入を開始します。

22 太平洋戦争と日本（昭和時代3）

Q 太平洋戦争（日米戦争）開戦の要因は何か？

「日米戦争は油で始まり油で終わったようなものである。」これは昭和天皇が今大戦の近因について述べられたお言葉です（『昭和天皇独白録』）。

石油・天然ガスといった資源の確保は今日も安全保障と密接に関連した重要課題です。まして戦前の日本にとって、国家存亡に関わる最重要課題であったことは間違いありません。

では、なぜ日本は開戦前、こうした石油不足に陥ったのか。また、なぜ日本が石油輸入額の約八〇％以上を依存していた米国を相手に自ら戦争に突入したのか、その謎を紐解いていきましょう。

当時の日本は何としても、米国との戦争だけは避けたいのが本音でした（当時、日本の国民総生産額は米国の一〇分の一程度。他説有り）。

開戦について、日本は「米国に追い詰められ（石油全面輸出禁止）自存自衛のため止むなく戦わざるを得なかった」という意見があります。

こうした意見に対し、最も問いたい点はなぜ日本は「米国に追い詰められた」のかです。

この疑問を解くには、当時の日本の置かれた環境を国の内外の二面から捉える必要があります。

では、まず国内環境から見ていきます。

第一に挙げたいのが、軍部（陸軍統制派）が内閣をコントロール下に置いたことです。軍部は明治憲法下での「統帥権の独立」や「軍部大臣現役武官制」を巧みに利用しました。これが、特に昭和に入り文民統制（シビリアンコントロール）が効かなくなった最大の原因です。

この陸軍統制派を代表するのが東条英機です。彼は、日中戦争不拡大派の石原莞爾と鋭く対立。東条の戦略は、日中戦争解決遅延の原因を米英ソの中国支援とし、北方のソ連、南方の米・英との戦争準備を、というものでした（二面作戦）。

第二に挙げたいのが、外交の失敗です。特に、外相松岡洋右による国際連盟脱退後の日独伊三国同盟締結や日ソ中立条約の締結。これは松岡の、米国に対する抑止力としての日・独・伊三国＋ソ連の四国同盟構想からきています（「松岡プラン」）。しかし、独ソ開戦でこのプランは空中分解します。

外交の延長にあるのが戦争です。米国による、石油禁輸もこれら日本外交の失敗が原因です。

石原を追放した陸軍大臣東条英機の戦略上の誤算と、外相松岡洋右の外交上の失策が日本を「太平洋戦争への道」に近付けたと言えます。

次は国外環境を見ていきましょう。

第一に挙げたいのが米国の動きです。F・ルーズベルト大統領政権が、経済面で世界恐慌からの脱却を図り、日・独との戦争に望みをかけたことです（欧州とアジアでの「市場の拡大」）。

第二は、英国のチャーチル政権が対独戦劣勢挽回のため米国の参戦を望み、「裏口からの参戦」を強く米国に働きかけたことです。

第三は、ソ連のスターリンが独ソ戦に専念するため、日本を対米戦争に仕向ける諜報活動を行ったこと（日米両政府政策決定に影響を及ぼす人脈作りと働きかけ）。これが日本では「ゾルゲ事件」と呼ばれるものです。米国では「ハル・ノート」誕生の裏にソ連の諜報工作の関与があったことが近年、研究者から指摘されています。

このように日米開戦には複数の要素が複雑に絡んでおり、太平洋戦争の開戦要因は、単に「軍部が悪かった」ではその真相に近付けません。大切なのは、国の内外から「グローバルな視点」で分析を試みることだと思います。

豆知識　「北進論」か「南進論」か？

幕末より語られてきた対外拡張論は、昭和に入り軍部の中で、「北方地域への進出」を図ろうとする『北進論』、「南方地域への進出」を図ろうとする『南進論』として主張され始めます。

陸軍にとって日清・日露戦争勝利後も、最大の仮想敵国は伝統的にソ連（ロシア）でした。海軍は、名目上の仮想敵国は米国。

陸軍では満州事変以降、満州国がソ連と国境を接することとなり、関東軍を中心に、防衛面から「ソ連に侵攻すべし」との議論が沸き起こり、『北進論』として定着します。

その後これが日ソ国境紛争となり「張鼓峰事件」（一九三八年〈昭和一三〉）や、翌年五月の「ノモンハン事件」として表面化します。

他方、本格的『南進論』は、一九三五年（昭和一〇）、海軍によって提唱。国策として登場するのは、一九三六年（昭和一一）八月の廣田弘毅内閣による五相会議以降のこと。やがて日中戦争が本格化すると以後の内閣も「南進」政策を推進。

一九三九年（昭和一四）九月、第二次世界大戦が勃発すると米内光政内閣は、仏領インドシナと蘭領インドネシアへの経済進出外交を積極的に進めます。翌年、組閣した第二次近衛内閣もこれを引き継ぎ、九月には北部仏印進駐を強行します。

一九四一年（昭和一六）六月、独ソ戦が勃発すると、軍主導の日本政府はドイツ支援のため「北進」し、ソ連と戦うか、日中戦を有利に展開するため「南進」するのかの選択に迫られます。

最終的に同年八月、陸軍は対ソ戦の可能性を断念（ノモンハン事件敗北の影響大）。その意味でこの事件を「太平洋戦争の起点」とする見方もできます。こうして、ここに明治以来、常に北に目を向けていた日本は国策を一八〇度方針転換し、南進政策が決定されます。

豆知識

ノモンハン事件がもたらした日ソ両軍の反応の相違とは？

一九三九年（昭和一四）五月、満州国とモンゴルの国境ノモンハン付近で、不明確な国境線をめぐり、日ソ両軍による大規模な軍事衝突が勃発。これが「ノモンハン事件」（ハルハ河事件）です。「事件」とは言えこの局地戦は、多数の将兵と最新兵器が投入された事実上の「戦争」でした。

現地日本軍（関東軍）は、軍中央参謀本部の方針を無視し独断で戦線を拡大。第一次戦闘（五月）に二〇〇〇人を投入。さらに第二次戦闘（六月末）では約一万五〇〇〇人を動員し、歩兵中心の白兵戦を展開します。他方、ソ連軍は戦車を中心とした機械化部隊と航空機を連携させた近代戦を展開。

その結果、同年九月の停戦までに、関東軍は約七七〇〇人の戦死者を出し壊滅的な打撃を受けました（負傷者を含めると死傷率九一％）。これにプラスし、戦車三〇両、航空機一八〇機も喪失。

ソ連軍の損害も甚大で、ソ連崩壊後明らかになった資料によると、死傷者数二万五六五五人、戦車など装甲車両四〇〇両、航空機三五〇機を喪失。数字の上では関東軍の一方的惨敗ではなく、かなり健闘していたことがうかがえます。しかし当時は資料が表に出ることはなく停戦協定ではソ連が主導権を掌握。結果、戦争目的を達したのはソ連側で、日本の敗北となりました。

ここで大切な点は、両国がこの事件からいかなる教訓を得、それをその後にどう生かしたかです。ソ連軍は、この戦闘で日本軍の戦術を学び、兵器も改良。また、日独との両面戦争は避けられ一九四一年六月勃発の対独戦に臨むことが可能に。対する日本はノモンハンでの敗北を封印することに腐心。戦闘で得られたはずの、近代戦争を戦うためのノウハウを教訓として生かすことなく、精神主義と人命軽視の戦術で太平洋戦争に突入。米軍相手に同じ失敗を繰り返すこととなります。

豆知識　日米戦争開戦の可能性は極めて低かった？

一九三九年（昭和一四）九月、ドイツ軍のポーランド侵攻で第二次世界大戦が勃発。しかし当初は、日米戦争の可能性は極めて低いものでした。

日本側から見れば戦場が欧州に限定されていたこともありますが、政府の対米外交政策の基本が「米国との戦争だけは極力回避する」にあったからです。その理由は、日米の国力差・輸入の対米依存度の高さ・対ソ戦の計画という三点です。

米国側は国民の多くが参戦に否定的でした。一九四一年五月のギャラップ社世論調査では、七九％が欧州戦争参戦に否定的。欧州ですらこの程度ですから、アジアでの戦争などほとんど関心がないと言っても過言ではありませんでした。

そしてもう一つ重要な点は、大統領Ｆ・ルーズベルトは、戦争ができない大統領だった点です。なぜなら彼は大統領選で、絶対に参戦をしないことを公約に掲げ三選を果たしたからです。そのため、彼は一九四〇年六月のパリ占領以降、英国首相チャーチルの要請で無制限の武器援助はしたものの、援軍派遣までは至っていませんでした。

ではこれがなぜ、日米戦争を望まない日本と、戦争を望む米国になったのでしょうか。この謎を解くキーマンこそが英国首相チャーチルだったと多くの研究者は指摘します。そこに浮上するのが『裏口からの参戦』という仮説です。

要約すれば、対独戦で孤立した英国が劣勢を挽回するには「アメリカを引きずり込むしかない」と考えたチャーチルが、欧州の状況に危機感を抱くルーズベルトと「日本に米国を攻撃させ、これに反撃する形で日本の同盟国であるドイツに宣戦する」シナリオを二人で共有したという説です。

仮説の真偽はともかく、現実の歴史はほぼこの筋書き通りに流れていきます。これが偶然なのか否か。今後の研究成果に期待したいところです。

豆知識　日本は対米戦以前に、情報戦ですでに敗れ、外交的に追い込まれた？

日本海軍による真珠湾奇襲攻撃の一報を耳にし、英国首相チャーチルはその晩「感激と興奮とに満たされ、満足して私は床につき、救われた気持ちで感謝しながら眠りについた」と日記に綴りました。

この真珠湾への「最初の一撃」で、これまで参戦に否定的だった米国世論は一挙に参戦に傾き、米国政府は日本に宣戦布告。これにより米国は連合国側に立ち大戦に参戦することとなりました。

ここで重要な点は米国との戦争だけは極力回避するはずだった日本が、なぜわざわざ自ら米国を「先制攻撃」する道を選択したかという点です。

一つには、政府が、文民統制が利かなくなった軍部（主に陸軍統制派）に引きずられたという点。

他の一つは「戦争は政治（外交）の延長である」というクラウゼヴィッツの言葉通り、日本は戦争以前に外交戦（＋情報戦）に敗れ、米国のペースに見事はまった点を挙げておく必要があります。

日本政府は、米国が打ち出す経済制裁に危機感を強め、駐米大使野村吉三郎（のむらきちさぶろう）に対し、米国国務長官ハルとの本格的な日米交渉にあたらせました。

外交交渉で最も重要な点は、味方の手の内を見せず、相手方の情報を正確に収集。それを交渉の場でいかに有利に活用・展開するかにあります。

驚くことに米国は、一九四〇年九月頃から日本の外交電報の暗号を解読し、その情報をマジックと呼び、日本側の手の内を読み取っていました。

当時、ルーズベルトは日本との交渉を「BABY」（あやす）と表現。米国政府の対日戦の意志はすでに固まっており、ある意味、交渉は単に戦争準備の時間稼ぎに過ぎなかったとも言えます。

こうして日本は外交的に米国に着実に追い込まれ、先制攻撃の暴挙に。つまり、日本は米国に情報戦で敗れ、自ら開戦の扉を開いたというわけです。

豆知識　「ゾルゲ事件」の衝撃　その一

一九四一年（昭和一六）一〇月、日本を舞台とした国際スパイ事件が発覚（ゾルゲ事件）。

事件の影響は計り知れないほど大きく、日本国内を震撼させました。事件関連の検挙者三四名。中心人物はドイツ人リヒャルト・ゾルゲと元朝日新聞記者尾崎秀実（おざきほつみ）です。

ソ連諜報部員ゾルゲは、偽装でナチス党に入党。ドイツ新聞社日本特派員として一九三三年（昭和八）に来日。ドイツ在日大使の私設情報官に就任。

ソ連諜報部員としてのゾルゲの任務は「満州事変後の日本の対ソ政策・対ソ攻撃計画の探知」と「日本軍のソ連侵入阻止」にありました。

ゾルゲと尾崎は、尾崎が新聞社特派員として滞在していた上海で知り合いました。二人は帰国後再会し、日本に諜報グループを組織。尾崎は朝日新聞を退社後、中国問題評論家としての地位を築き、昭和研究会メンバーとして首相近衛文麿（このえふみまろ）に接近。信任を得て内閣嘱託や満鉄調査部嘱託となり有能なブレーンとして活動。

尾崎はこうして広範な情報を入手し、ゾルゲは尾崎から日本側の情報と、自ら得たドイツ側の情報を合わせ、ソ連への通報に努めました。

当時の欧州情勢はドイツ軍がソ連に侵攻して、独ソ戦が勃発（一九四一年六月）。この時点でソ連は日独という二つの軍事同盟関係にある東西両国から、挟み撃ちにされる危機に陥っていました。

そのためソ連としては、侵入してきたドイツ軍機甲部隊に苦戦を強いられる一方で、ノモンハン事件（一九三九年〈昭和一四〉）以降も関東軍の侵攻に備え、満州国境付近に大部隊を貼り付けざるを得ないという状況にありました。

スターリンが日本に「北進」を諦めさせるため、ノモンハン事件で犠牲も厭わず大規模な機械化部隊で近代戦を展開した意図もこれでわかります。

豆知識 「ゾルゲ事件」の衝撃　その二

当時の日本はと言うと、軍中央内部で「北進論」か「南進論」かの決着がいまだ付かない状況にありました。北進論は「満州防衛のためまず仮想敵国ソ連を叩く説」。南進論は「日本の海外発展を中国南部、東南アジアなどに求める説」です。

ところが、ノモンハン事件での苦戦と合わせ、米国による対日石油輸出全面禁止以降（一九四一年〈昭和一六〉）八月、状況は一変します。日本はこれまでの対外戦略「南北併進論」を、九月の御前会議で「南方進出」に転換したからです。

この情報はいち早く首相近衛のブレーン尾崎を通じてゾルゲの元に届き、「日本は南方進出を決定。日本にソ連攻撃の意図なし」の報をソ連に通報。これを受けたスターリンは、日本軍に備え極東に配置していた精鋭機甲師団を独ソ戦の激戦地（ウラル戦線）に投入させました。

やがて冬将軍の訪れと共に、極東からの援軍を得たソ連軍は対独戦形勢逆転へ。なんとこの時、あろうことか、日本は対米英戦に突入します。

このソ連軍反撃が転機となり、激戦の末ドイツ軍は壊滅。これが、ナチス・ドイツ敗北の決定的要因となっていきます。

一九四一年（昭和一六）一〇月、ゾルゲ諜報団は一斉検挙され、「偶然」にも、これに合わせたかのように近衛内閣は辞任します。

近衛の政策決定にその取り巻き(ゾルゲ諜報団)がどの程度関わったかは藪の中です。しかし、日本を日中戦争と共に「破滅の道」に導いた首相近衛文麿は責任を逃れることはできません。

同時期、米国ホワイトハウスでも同類の諜報事件がありました。

ゾルゲは一九四四年（昭和一九）一一月、処刑。日本語で、「国際共産主義万歳!」が彼の最後の言葉でした。享年四九。

「ハル・ノート」は米国側の最後通牒だったの？

当時、日本の政府首脳陣が、事実上米国からの『最後通牒』（『宣戦布告』）として受け止めた覚書が通称「ハル・ノート」です（一九四一年一一月二六日・日本時間一一月二七日）。

覚書の要点は、日本軍の中国・インドシナからの撤退、蒋介石政権以外の承認拒否、日独伊三国同盟の否認の三点です。この覚書で日本側は外交交渉を打ち切り、御前会議で開戦を決定（同年一二月一日）。対米英戦争に突入します。

次の文章は「ハル・ノート」原文の冒頭です。

Strictly confidential, tentative and without commitment

直訳すると「極秘、試案にして法的に拘束されない」です。ここで確認したいのは、この覚書は米国政府の正式文書ではなく、かつ試案で、『最後通牒』でも『宣戦布告』でもなかった点です。

「法的に拘束されない試案」ですので、交渉継続の余地は十分あり、戦争だけが「唯一残された道」でないということです。問題は、日本側首脳陣の受け止め方にあったのです。

仮に、冒頭の部分を何者かが事前に故意に削除したとしても、試案の内容の様々な不明な点に気付くはずです。例えば、各条件の項目達成について「期限」が記載されていないことも一つです。

しかも覚書を受け取る前日（日本時間一一月二六日）、日本海軍はすでに周到な準備の下（開戦準備発令は一一月五日）、真珠湾への攻撃部隊を択捉島単冠湾（ひとかっぷわん）から出撃させています。

これでは「『ハル・ノート』で日本は追い詰められ開戦」は説得力に欠けます。「開戦ははじめからの既定路線」だったほうがスッキリします。

ともあれ日本を開戦へと決定付けた責任は、試案を『最後通牒』と解釈した首相東条英機はじめ政府首脳陣にあったことだけは断言できます。

豆知識 日本の敗戦への転機となった出来事とは？

真珠湾攻撃で華々しく開戦した太平洋戦争でしたが、一九四二年（昭和一七）六月のミッドウェー海戦、八月のガダルカナル島争奪戦で大敗の後、主導権は完全にアメリカ軍に移行しました。

以後の長期化で日本軍は消耗戦を強いられ、生産力の差が戦局を決定的に左右することに。その結果、太平洋の島々に残された日本軍は絶望的劣勢の中、各地で全滅の連鎖を引き起こします。

一九四四年（昭和一九）六月のサイパン島陥落で戦局はさらに悪化。七月、米軍は、マリアナ諸島の島々に航空基地を確保。同年末からB29による日本本土空襲が本格的に開始。同年九月、米軍はフィリピン奪還作戦を開始。一〇月、レイテ沖海戦が勃発。結果は日本海軍の完敗に終わり、戦艦武蔵をはじめ多数の艦船を喪失。この海戦で事実上連合艦隊は組織的戦闘力を喪失しました。

結果、制空権・制海権を奪われた陸軍兵士は、補給物資のないまま絶望的な戦いを強いられます。これ以後、南方からの資源輸送は途絶え、連日の無差別本土爆撃で、工業生産力は急速に低下。

一九四五年（昭和二〇）二月、硫黄島攻防戦。一ヵ月弱の激戦で守備隊が全滅。三月一〇日深夜、B29爆撃機三二五機が東京襲来（東京大空襲）。同二六日、沖縄戦開始（激闘は約三ヵ月間続行）。

追い込まれた政府・軍部は終戦をめぐり本土決戦か降伏かの堂々巡りを繰り返し時間をロス。八月六日、広島に原子爆弾投下。八日、突然ソ連が中立条約を破棄し日本に宣戦布告、満州・樺太・千島列島に侵攻。九日、長崎に原子爆弾投下。

八月一四日の御前会議で昭和天皇「御聖断」のもとポツダム宣言受諾が決定します。

これにより本土決戦は回避され、八月一五日正午、「玉音放送」（天皇のお言葉を録音し放送）という形で全国民に終戦が告げられました。

豆知識　原爆はなぜ投下されたか？

一九四二年（昭和一七）八月、ドイツの核兵器開発計画を知った米国は巨費を投じ原子爆弾製造計画をスタート（マンハッタン計画）。三年後の一九四五年（昭和二〇）七月一六日、ニューメキシコ州の砂漠で世界最初の原爆実験に成功。しかし、すでに同年五月、ドイツは降伏。そこでこの「悪魔の兵器」は、日本に使用されることになります。

米軍は早速、原爆投下候補地選定作業を開始（京都・広島・小倉・新潟・長崎）。結果、候補地は広島・小倉・長崎の三都市に。これらの都市は候補地となった時点で原爆の破壊効果測定のため空爆が禁止。七月二五日、ポツダム会談中のルーズベルト大統領は原爆投下命令を下します。

八月六日、テニアン島を飛び立った二機のB29は晴天の広島上空を一度通過（一機は観測用、他の機は原爆搭載機エノラ・ゲイ）。その時は空襲警報が鳴り広島市民は防空壕に退避。二機は旋回し再び広島上空に。この二度目の飛来時、不思議に空襲警報は鳴らず。原爆が投下。投下時パラシュートを取り付けたのは、この二機が広島上空の通過時間を稼ぐためのものでした。八時一五分、爆心地の上空約五〇〇m地点で原爆が炸裂。

八月九日、長崎の上空で二発目が炸裂。広島・長崎での死者数は、その年の暮れで約二二万人。その後も放射能の後遺症で次々に犠牲者数が増加。

ここで一つの疑問が浮上します。降伏が時間の問題であった日本に、米国はなぜ原爆を投下したのかです。米国側の正式見解は「戦争の早期解決と米軍犠牲者の抑止」です（現在も変わらず）。

広島・長崎に、別タイプの原爆が使用されたことから、米国が、「新兵器の威力」を試した説。さらに、米国が戦後の国際情勢を見据えた「ソ連を威嚇・牽制するため」説もあります。

皆さんは、この疑問にどう答えますか。

豆知識 太平洋戦争での真の勝利者はいったい誰？

「日本は第二次世界大戦において、自国ではなく、大東亜共栄圏の他の国々に思いがけない恵みをもたらした」「日本は白人のアジア侵略を止めるだけでなく、帝国主義、植民地主義、人種差別に終止符を打つことをなしとげた」これは著名な歴史学者アーノルド・トインビーの言葉です。

日本が幕末の頃のアジア地域は、西洋列強の植民地下にありました。ところが太平洋戦争勃発による日本軍の東南アジアへの進攻で状況は一変し、「白人不敗の神話」が崩壊。この現実はアジア諸民族に衝撃と驚嘆をもたらしました。

しかし、戦局の悪化に伴い現地日本軍による軍政の施行は、当初日本が掲げたスローガン「アジアの解放」としだいにかけ離れたものになります。

これが、太平洋戦争における日本が果たした歴史的評価の分岐点とも言えます。

とは言え実際、敗戦後も多く日本兵がアジア各地に残留し、独立運動に参加したのも事実です。

戦後のアジアを見た時、二つの大きな変化に気付かされます。一つは植民地が消滅したこと。他は中国・北朝鮮・インドシナ半島で共産主義勢力が浸透し、共産主義国家が出現したことです。

太平洋戦争は連合国側の勝利で幕を閉じました。「われわれは初めて、ペリー以来の野望を達成した。もはや太平洋には邪魔者はいない。これでアジア大陸の市場と覇権は、我が物になったのだ。」これは、終戦当日の米国ニューヨークタイムズの記事です。では、日本に勝利した米国はアジアで一体、何を得ることができたのでしょうか。

戦後出現したアジアの姿と言えば、米国が支援した国民党蒋介石は中国を失い、英国・蘭国はアジアの全植民地を失いました。何より日本を叩いたはずの米国の得るものは何もなく、ソ連が長年望んできたアジアでの共産圏だけが拡大しました。

豆知識　「アジア主義」の終着点は太平洋戦争だった？

日本が敗戦を迎えた翌年一九四六年（昭和二一）五月三日、東京市ヶ谷で極東国際軍事裁判が開廷。この裁判で被告とされた二八名の中に唯一の民間人大川周明（おおかわしゅうめい）の姿がありました。彼が起訴されたのは「大東亜共栄圏構想の生みの親」と連合国側から目されていたからに他なりません。

大東亜共栄圏構想とは、一九三八年（昭和一三）一一月、首相近衛文麿が東亜新秩序建設声明として発表。一九四〇年（昭和一五）、第二近衛内閣以降、東条英機内閣に受け継がれ、敗戦に至るまで唱えられた日本の対アジア政策構想です。

その目的とは、「欧米の植民地支配に代わって日本を中心として東亜の諸民族による共存共栄を樹立すること」です。これは、正にアジア主義の延長上に位置付けられたものです。

そして、日本人はこの国策の下「アジア解放」のスローガンを掲げ、終着点＝太平洋戦争へ突入。

では、昭和を代表するアジア主義・国家改造思想運動のキーマン北一輝（きたいっき）と並び称される大川周明とはどのような人物だったのでしょうか。

山形県生まれの彼は、東京帝国大学卒業後、満鉄に入社。その後、軍部幕僚将校に接近。陸軍青年将校のクーデター計画（三月事件、十月事件）に参画。また、五・一五事件にも関与し逮捕され、出獄後は軍部と共謀。続く二・二六事件にも影響を与えました。ラジオ演説などを通じ、太平洋戦争の継続を強硬に主張。その意味で彼こそ間違いなく戦前・戦中、アジア主義の思想運動の頂点にいた人物でした。東京裁判では精神錯乱のため釈放（奇声を上げ東条の頭部を叩く）。

ともかく、アジア主義こそ昭和初期の日本の進路を決定付け、明治以来先人が築き上げた日本の国際的地位を貶め、破滅へと追い込んだ主要な思想的要因であることは間違いありません。

豆知識

当時の日本外交が私たちに残した歴史的教訓とは？

一九四五年（昭和二〇）九月二日、東京湾上の米戦艦ミズーリ艦上で、降伏文書の調印式が行われ、日本は「ポツダム宣言」を受諾しました。

これにより、明治以来営々と築き上げてきた国際的地位と海外領土のすべてを失いました。

改めて太平洋戦争の原因を問えば、それをどこまでさかのぼるかという問題に突きあたります。別の表現に置き換えれば、「明治以来の日本の近代化の総決算とも言うべき深い歴史的根源を持つ大戦争」（日本大百科全書）であったと言えます。

明治以降戦前までの日本は「成功は失敗の元」のモデルケースのような歴史を歩んだと思います。

薩摩・長州が創り上げた明治政府が、国家存亡をかけ戦った日清・日露戦争。評価は別として、軍部は薄氷を踏むような奇跡で手にした成功体験を過大評価し、国民もその認識を共有しました。

こうした過大評価は往々にして、安易な現状認識や状況判断のミスにつながります。

その悪しき伝統をそのまま引き継いだのが長州閥山縣有朋創設の陸軍統帥部（参謀本部）です。その幕領たちは、やがて「昭和の悲劇」への布石を自らの手で一つ一つ打つこととなります。

日露戦争で、満州に権益と勢力圏を拡大させた日本は、第一次世界大戦を通し軍備増強と海外への権益拡大に邁進。やがて中国との大きな溝が生じ、そこで軍事力を行使。それが満州事変です。

その行動は、国際秩序への挑戦と受け取られ、日本は国際的に孤立。その結果が国際連盟の脱退と日独伊三国同盟へと直結して、日米戦争という最悪のシナリオを選択する誤算を犯しました。

日米開戦決断の背景にはこうした日本首脳の「グローバルな視点の欠如」による状況判断ミスがあったということです。この経験を私たちは、歴史の教訓として真剣に学ぶべきです。

おわりに

昨今、地球的な規模で物事が語られることも多く、「グローバル」という言葉が流行語のように様々な場面で頻繁に登場しています。

本書は、シリーズの中でも、特に日本と海外で起きた歴史的な出来事を関連付け、世界的視野に立って鳥瞰的に捉える、こうした姿勢で、日本を軸とした歴史の執筆を試みました。

そんな、ささやかな私の試み・想いが、少しでも読者である皆さんに伝わり、歴史への興味・関心を高める機会になったとしたら、筆者としては嬉しい限りです。

「温故知新」。この『論語（為政編）』に出てくる孔子の言葉は、歴史を語る書物でよく見かけます。この言葉通り、私たちの現在は過去の積み重ねの上にあり、未来は現在の延長線上にあります。そして、歴史は現在も進行形です。この意味で過去を知ることは、いま現在を知ること、それは未来につながることでもあります。大切なことは、その知ったことを現在や未来にどう生かして役立てるかです。今後の皆さんの更なる歴史への探求心向上に大いに期待します。

最後になりましたが、本書の執筆にあたり、いつもながら温かいご指導・ご助言をいただきました黎明書房の武馬久仁裕氏、編集部の都築康予氏には心より感謝いたします。

本書の読者の皆さん、最後までお付き合いくださりありがとうございました。

令和六年八月一五日

著　者

「更新世から縄文・弥生期にかけての日本人の変遷に関する総合的研究」 国立科学博物館
https://www.kahaku.go.jp/research/department/anthropology/report02/
「お米のはなし」 国際農林業協働協会
https://www.jaicaf.or.jp/resource/publications
「日本書紀　現代語訳　天地開闢から日本建国までの日本神話」 日本神話.com
https://nihonshinwa.com/archives/15537
「イスラーム教徒が記すワクワク？」 私・想・史ブログ（2011・2・11付）
https://plaza.rakuten.co.jp/tiuingwoden1225/diary/201102110001/
「芋太郎の広場」史料室　現代文『脱亜論』
http://www.chukai.ne.jp/~masago/index.html
ＮＨＫ番組『ザ・プロファイラー　～夢と野望の人生～「“陸軍の異端児”の策謀と誤算～石原莞爾～」』（2016年12月8日放送）
https://www.facebook.com/NHKonline/
「漢字・甲骨文字」 NPO法人地球ことば村・世界言語博物館
https://www.chikyukotobamura.org/muse/wr_easia_24.html
「トランプの絵札，絵柄の人物」 カードの履歴
https://www.phgenki.jp/original7.html
「スナップショットUSA—米国Q&A」 アメリカンセンターJAPAN
https://americancenterjapan.com/aboutusa/translations/2537/
クラシック音楽「名曲」の解説と名盤（Musica Classica）
http://tsvocalschool.com/classic/
「中国が日本から輸入した和製漢語」
https://www.catv296.ne.jp/~t-homma/dd120404.htm

『つなげてみれば超わかる日本史×世界史』　森村宗冬著　彩図社
『日本国の正体』　孫崎享著　毎日新聞出版
『世界史とつなげて学べ超日本史』　茂木誠著　KADOKAWA
『「戦争と平和」の世界史』　茂木誠著　TAC
『歴史問題は解決しない』　倉山満著　PHP 研究所
『並べて学べば面白すぎる世界史と日本史』　倉山満著　KADOKAWA
『この一冊で日本史と世界史が面白いほどわかる！』　歴史の謎研究会編　青春出版社
『中学校の「世界史」を 20 場面で完全理解』　向山洋一編　渡辺尚人著　PHP 研究所
『全「歴史教科書」を徹底検証する』　三浦朱門編著　小学館

主な引用・参考サイト

「人類の起源と進化(1)」　山賀進の Web site
https://www.s-yamaga.jp/nanimono/seimei/jinrui-01.htm
青森県立郷土館　https://www.kyodokan.com/
「縄文時代の始まりと終わりはなぜ定まらないのか？（講師・山田康弘）」　テンミニッツ TV
https://10mtv.jp/pc/content/detail.php?movie_id=2977
「オシポフカ文化と縄文時代草創期の土器の比較検討（村上昇）」『明治大学黒耀石研究センター資料・報告集　第 3 号』
https://www.meiji.ac.jp/cols/about/6t5h7p00000it50e-att/5NTR10_report71-100.pdf
特別史跡「三内丸山遺跡」
https://sannaimaruyama.pref.aomori.jp/
「縄文人の起源，2 ～ 4 万年前か　国立科学博物館がゲノム解析」　日本経済新聞（2019・5・13 付）
https://www.nikkei.com/article/DGXMZO44722870T10C19A5CR8000/
「No.253　弥生時代はいつ始まったか―年代測定と考古学―」　福岡市博物館
https://museum.city.fukuoka.jp/archives/leaflet/253/index.html
「米の生産量が増えて日本の人口も増えた」　米穀機構　米ネット
https://www.komenet.jp/bunkatorekishi/bunkatorekishi02/bunkatorekishi02_2

『教科書には載っていない大日本帝国の真実』 武田知弘著 彩図社
『教養としての「昭和史」集中講義』 井上寿一著 SB 新書
『ナチスの発明』 武田知弘著 彩図社
『5つの戦争から読みとく日本近現代史』 山崎雅弘著 ダイヤモンド社
『ヨ中戦争―戦争を望んだ中国 望まなかった日本―』 北村稔，林思雲著 PHP 出版
『日本の戦争解剖図鑑』 拳骨拓史著 エクスナレッジ
『英雄の魂 小説石原莞爾』 阿部牧郎著 祥伝社
『秘録 石原莞爾』 横山臣平著 芙蓉書房出版
『陸軍の異端児 石原莞爾』 小松茂朗著 潮書房光人社
『日本の歴史 20 アジア・太平洋戦争』 森武麿著 集英社
『昭和時代 戦前・戦中期』 読売新聞昭和時代プロジェクト著 中央公論新社
『真実の日米開戦 隠蔽された近衛文麿の戦争責任』 倉山満著 宝島社
『昭和天皇独白録』 寺崎英成著，マリコ・テラサキ・ミラー編集 文藝春秋
『いま戦争と平和を語る』 半藤一利著 井上亮編 日本経済出版社
『なぜアメリカは，対日戦争を仕掛けたのか』 加瀬英明，ヘンリー・S・ストークス著 祥伝社新書
『第二次世界大戦回顧録』 チャーチル著 佐藤亮一訳 河出文庫
『なぜ日本は同じ過ちを繰り返すのか』 松本利秋著 SB 新書
『子供たちに伝えたい日本の戦争』 皿木喜久著 産経新聞出版
『流れをつかむ日本の歴史』 山本博文著 角川書店
『誰かに話したくなる日本史こぼれ話 200』 二木謙一著 日本文芸社
『まるかじり日本史』 歴史浪漫研究会編 リベラル社
『中学社会 歴史的分野』 日本文教出版
『大辞林 第三版』 三省堂
『読んだら話したくなる世界史』 宮崎正勝著 日本実業出版社
『地図で読む日本史＆世界史が同時にわかる本』 宮崎正勝著 三笠書房
『世界史の読み方』 宮崎正勝著 角川選書
『世界一わかりやすい世界史の授業』 村山秀太郎著 中経出版
『手にとるように世界史がわかる本』 小松田直著 かんき出版
『最速で身につく世界史』 角田陽一郎著 アスコム
『日本史の中の世界一』 田中英道編集 育鵬社
『世界史の中の日本』 田中英道著 育鵬社

主な引用・参考文献及びサイト

※サイト情報は執筆時（2024年4月）のものです。

主な引用・参考文献

『日本人はるかな旅』全5巻　NHKスペシャル「日本人」プロジェクト編　NHK出版
『日本人はどこから来たのか？』　海部陽介著　文藝春秋
『縄文時代の歴史』　山田康弘著　講談社現代新書
『古代中国』　貝塚茂樹，伊藤道治著　講談社学術文庫
『人口から読む日本の歴史』　鬼頭宏著　講談社学術文庫
『倭の五王』　森公章著　山川出版社
『中国史とつなげて学ぶ日本全史』　岡本隆司著　東洋経済新報社
『遣唐使』　東野治之著　岩波新書
『ジパング伝説』　宮崎正勝著　中公新書
『マルコ・ポーロ　東方見聞録』　月村辰雄，久保田勝一訳　岩波書店
『キリシタン時代の研究』　高瀬弘一郎著　岩波書店
『豊臣秀吉』　鈴木良一著　岩波新書
『バテレンの世紀』　渡辺京二著　新潮社
『キリシタン大名』　岡田章雄著　吉川弘文館
『日本史史料3　近世』　歴史学研究会編　岩波書店
『日本史史料4　近代』　歴史学研究会編　岩波書店
『日本の歴史15　開国と倒幕』　田中彰著　集英社
『官賊と幕臣たち』　原田伊織著　毎日ワンズ
『明治維新という名の洗脳』　苫米地英人著　ビジネス社
『福澤諭吉』　平山洋著　ミネルヴァ書房
『勝海舟全集21　氷川清話』　江藤淳ほか編　講談社
『もういちど読む山川日本近代史』　鳥海靖著　山川出版社
『朝日百科　日本の歴史10　近代1』　朝日新聞社
『日本の歴史19　帝国主義と民本主義』　武田晴人著　集英社
『教科書には載っていない戦争の発明』　熊谷充晃著　彩図社
『日本人が知ってはならない歴史』　若狭和朋著　朱鳥社
『シベリア出兵　近代日本の忘れられた七年戦争』　麻田雅文著　中公新書

著者紹介
高橋茂樹
1953年岩手県釜石市生まれ。
愛知大学法経学部法学科卒業。
社会科教師として地域教材を取り入れた授業実践を目指し，
定年まで公立小中学校の教壇に立つ。
定年後の再任用期間は新任者の指導にあたる。
現在は東浦郷土資料館（うのはな館）勤務。

著書
『名言で語る「日本の歴史」授業』黎明書房
『地名で語る「日本の歴史」授業』黎明書房
『謎解きで語る「日本の歴史」授業』黎明書房
『社会・理科の個別化・個性化教育』（分担執筆）黎明書房
『新編東浦町誌』本編・現代（分担執筆）東浦町教育委員会

グローバルな視点で語る「日本の歴史」授業

2024年10月1日　初版発行

著　者　高　橋　茂　樹
発行者　武　馬　久仁裕
印　刷　株式会社太洋社
製　本　株式会社太洋社

発　行　所　株式会社　黎　明　書　房
〒460-0002　名古屋市中区丸の内3-6-27　EBSビル　☎052-962-3045
FAX 052-951-9065　振替・00880-1-59001
〒101-0047　東京連絡所・千代田区内神田1-12-12　美土代ビル6階
☎03-3268-3470

落丁本・乱丁本はお取替します。　ISBN978-4-654-02404-9

謎解きで語る「日本の歴史」授業

高橋茂樹 著

Q　大陸性動物のゾウの化石が、なぜ島国日本で発見されるの？
Q　巨大古墳がほぼ前方後円墳で統一されているのはなぜ？
Q　武士はいつ頃、どのようにして誕生したの？
Q　家康が描いた豊臣政権崩壊のシナリオとは？
Q　なぜ、江戸時代は二六〇年間も平和が続いたの？
Q　なぜ、幕末の日本は西洋諸国の植民地化を免れることができたの？
Q　大正デモクラシーはなぜ、その後の戦争を止められなかったの？　等、

厳選した173の日本史の謎を解きながら、日本史の醍醐味を味わえます。一読すれば、複雑な日本史全体の流れもすっきり理解できます。

日本史を学び直したい方、楽しく日本史を勉強したい方に最適な一冊。

■A5判／二三七頁　一八〇〇円